Streßpräventionstraining für Kinder im Grundschulalter

Streßpräventionstraining für Kinder im Grundschulalter

von

Johannes Klein-Heßling
und Arnold Lohaus

Hogrefe · Verlag für Psychologie
Göttingen · Bern · Toronto · Seattle

Dr. phil. Johannes Klein-Heßling, geb. 1967. Studium der Psychologie in Münster. 1997 Promotion. Seit 1997 Wissenschaftlicher Mitarbeiter am Fachbereich Psychologie der Universität Marburg mit dem Arbeitsschwerpunkt Gesundheitspsychologie unter Entwicklungsaspekten.

Prof. Dr. Arnold Lohaus, geb. 1954. Zunächst Lehramtsstudium mit den Hauptfächern Biologie, Mathematik und Deutsch, anschließend Studium der Psychologie in Münster. 1982 Promotion. 1987 Habilitation. Seit 1996 Universitätsprofessor für Entwicklungspsychologie am Fachbereich Psychologie der Universität Marburg.

Die Deutsche Bibliothek - CIP-Einheitsaufnahme

Ein Titeldatensatz für diese Publikation ist bei
Der Deutschen Bibliothek erhältlich.

Die erste Auflage des Buches erschien 1998 unter dem Titel „Bleib locker. Ein Streßpräventionstraining für Kinder im Grundschulalter".

Zum Buch ist die Kassette „Bleib locker" mit Entspannungsübungen erhältlich
(ISBN 3-8017-1183-8).

Gesamtherstellung: Dieterichsche Universitätsbuchdruckerei
W. Fr. Kaestner GmbH & Co.KG, D-37124 Göttingen/Rosdorf
Printed in Germany
Auf säurefreiem Papier gedruckt

ISBN 3-8017-1348-2

Inhaltsverzeichnis

Einleitung 7

Kapitel 1: Streß und Streßbewältigung 9

1. Ein Modell zur Beschreibung des Streßgeschehens 9
2. Streß erfolgreich bewältigen 10
3. Streß bei Kindern im Grundschulalter 10
4. Streßbewältigungstrainings für Kinder 14

Kapitel 2: Trainingskonzeption 17

1. Trainingsziele 17
2. Trainingsbausteine 17
3. Rahmenbedingungen 19
4. Material 19
5. Das Training im Überblick 21

Kapitel 3: Trainingsevaluation 23

1. Evaluation des Streßpräventionstrainings 23
2. Wirksamkeit von Entspannungsverfahren bei Kindern 28
3. Konsequenzen aus den Evaluationsstudien 30

Kapitel 4: Veranstaltungen für Eltern 31

1. Elterninformationsveranstaltung 31
2. Erster Elternabend 33
3. Zweiter Elternabend 35

Kapitel 5: Sitzungen des Kindertrainings 37

1. Erste Doppelstunde 38
2. Zweite Doppelstunde 46
3. Dritte Doppelstunde 50
4. Vierte Doppelstunde 54
5. Fünfte Doppelstunde 60
6. Sechste Doppelstunde 65
7. Siebte Doppelstunde 69
8. Achte Doppelstunde 73
9. Zusatzspiele und -übungen 76

Literaturverzeichnis ... 81

Anhang ... 85

A Folienvorlagen für Elternabende

B Gefühlekarten (Kopiervorlagen)

C Kindermaterial (Kopiervorlagen)

Einleitung

Schon Kinder im Grundschulalter leiden unter den Folgen von Streß in Schule, Freizeit oder Familie. Die Kinder wirken nervös und angespannt, sind häufig müde und unkonzentriert, scheinen lustlos oder ziehen sich zurück. Viele Kinder klagen über Beschwerden wie Bauchweh, Kopfschmerzen, Appetitlosigkeit oder Ein- bzw. Durchschlafschwierigkeiten. Obwohl Streß also schon im Kindesalter ein bedeutender Faktor ist, der unmittelbar oder mittelbar die Gesundheit beeinflußt, finden sich kaum anwendungsbezogene Ansätze, die sich mit Streßprävention im Kindesalter beschäftigen. Während für den Erwachsenenbereich schon umfassende Programme vorliegen, beschränken sich Streßbewältigungsprogramme für Kinder vorwiegend auf die Vermittlung von Entspannungstechniken.

Mit dem vorliegenden Streßbewältigungstraining für Kinder im Grundschulalter wird der Versuch unternommen, mit einer multimethodalen Herangehensweise der Komplexität des Streßgeschehens bei Kindern Rechnung zu tragen. Dabei hat das Training neben der Intervention auch die Streßprävention zum Ziel. Die Teilnahme soll Kindern helfen, mit aktuellen Belastungssituationen besser umzugehen und sie gleichzeitig auf zukünftige Anforderungssituationen vorbereiten. Entwicklung und Evaluation des Trainingsprogrammes erfolgten in Kooperation mit der Techniker Krankenkasse.

In acht Trainingssitzungen können Kinder lernen, Streßsituationen und Streßreaktionen wahrzunehmen und ihnen mit angemessenen Bewältigungsstrategien zu begegnen. In Rollenspielen und verhaltensbezogenen Hausaufgaben werden diese Copingstrategien praktisch erprobt. Darüber hinaus sammeln die Kinder erste Erfahrungen mit einer Entspannungstechnik, der Progressiven Muskelrelaxation. Die Anleitung von Entspannungsübungen zu Hause kann durch eine Audiokassette mit Entspannungsinstruktionen unterstützt werden, die zusätzlich zu diesem Trainingsmanual angeboten wird.

Für eine Verringerung der Streßbelastung dürfen nicht ausschließlich die Kinder verantwortlich gemacht werden. Denn häufig können sie streßauslösende Situationen nicht alleine beeinflussen. Hier sind Erwachsene gefordert. Deshalb werden an einem Elterninformationsabend und zwei begleitenden Elternabenden mit den Eltern Möglichkeiten besprochen, wie sie ihren Kindern bei der Realisierung eines effektiveren Streßbewältigungsverhaltens helfen können und wie sie selbst dazu beitragen können, das Streßerleben ihrer Kinder zu reduzieren.

Die Evaluationsergebnisse zeigen, daß die Teilnahme bei den Kindern nicht nur zu einer Verbesserung der Kenntnisse über potentielle Streßreaktionen und Bewältigungsstrategien führt, sondern auch mit einer positiven Veränderung im Streßerleben, bei der Streßsymptomatik und beim Einsatz von Bewältigungsstrategien verbunden ist.

Im folgenden wird ein kurzer Überblick über die Kapitel dieses Trainingsmanuals gegeben. Im zweiten Kapitel wird der transaktionale Streßansatz von Lazarus, der diesem Training zugrundeliegt, vorgestellt. Es folgt ein kurzer Überblick zum gegenwärtigen Forschungsstand zu Streß bei Kindern. Die Grundideen und die Grundkonzeption dieses Trainings sind in Kapitel drei beschrieben.

Es schließt sich eine Darstellung der Evaluation dieses Trainings an. Die Evaluationsergebnisse zum Nutzen der Progressiven Muskelrelaxation waren der Anlaß, weiterführende Untersuchungen über Entspannungsverfahren bei Kindern durchzuführen. Mit der zweiten Auflage wurde die Darstellung der Evaluationsergebnisse um erste Befunde aus diesen Untersuchungen ergänzt, da sie auch für die Gestaltung von Streßbewältigungstrainings von Bedeutung sind.

Eine Beschreibung der einzelnen Trainingssitzungen findet sich in den Kapiteln fünf und sechs. Dabei kann die angegebene Reihenfolge und Dauer der Übungen allerdings nur eine Planungshilfe darstellen, da der tatsächliche Sitzungsverlauf sehr stark von der Gruppengröße, der Motivations- bzw. Interessenlage, sowie der Tagesform von Kindern und Trainingsleiter*) abhängen wird. Ebenso ist der Wortlaut der Instruktionen zu den einzelnen Übungen nur als Hilfe gedacht, die die Vorbereitung des Trainingsleiters auf das Sprachverständnis von Kindern im Grundschulalter erleichtern soll. Sie sollten - mit Ausnahme der Instruktionen zur Progressiven Muskelrelaxation - nicht vorgelesen oder auswendig vorgetragen werden.

Ein wichtiges Ziel des Trainings ist es, daß die Teilnahme den Kindern Spaß macht. Deshalb werden für jede Sitzung einzelne Spiele und darüber hinaus einige Spielealternativen im Manual vorgeschlagen. Selbstverständlich können von den Kindern oder dem Trainingsleiter zu diesem Zweck auch eigene Vorschläge eingebracht werden.

Obwohl das vorliegende Programm als eigenständiges Streßpräventionstraining für Kindergruppen entwickelt wurde, bieten sich aufgrund seiner Konzeption in Form verschiedener Trainingsbausteine weitere Einsatzmöglichkeiten. So lassen sich einzelne Bausteine oder Trainingselemente bei Bedarf in andere Trainings integrieren. Darüber hinaus können einzelne Übungen auch im Rahmen des Schul- oder Förderunterrichtes sowie in Einzel- oder Gruppentherapien Verwendung finden.

*) Wenn in diesem Manual zugunsten einer besseren Lesbarkeit von Trainingsleitern gesprochen wird, so sind damit sowohl Trainingsleiterinnen als auch Trainingsleiter gemeint.

Kapitel 1: Streß und Streßbewältigung

Streß ist heute in aller Munde: Kinder haben Schulstreß, Jugendliche „stressende" Eltern und Lehrer. Berufstätige kommen gewöhnlich „gestreßt" von der Arbeit nach Hause. Dort erwartet sie der „Freizeitstreß", „Beziehungstreß" ... .

Und ebenso wie sich im alltäglichen Sprachgebrauch die Vorstellungen über das, was mit „Streß" bezeichnet wird, unterscheiden, finden sich auch in der Wissenschaft die verschiedensten Definitionen und Erklärungsmodelle, je nach Fachgebiet und theoretischer Ausrichtung. Denn mit dem Streßgeschehen sind verschiedene Teilaspekte verbunden, die in den unterschiedlichen Streßkonzepten mehr oder weniger im Mittelpunkt stehen.

Nitsch (1981) hat diese Teilaspekte in einer Grundstruktur des psychologischen Streßkonzeptes beschrieben. Er unterscheidet Streßreize (Stressoren), Reaktionen auf Stressoren (u.a. Bewältigungsverhalten und Auswirkungen auf den Körper) und Streßfolgen (Person-/Umweltveränderungen). Die subjektive Bewertung ist ein weiterer Faktor, der das Ausmaß des erlebten Stresses bestimmt. Im folgenden wird ein Modell beschrieben, das diese unterschiedlichen Teilprozesse des Streßgeschehens berücksichtigt und zugleich die Dynamik von Streßerleben betont: der transaktionale Ansatz von Lazarus (Lazarus, 1966; Lazarus & Launier, 1981). Diese Streßkonzeption ist die theoretische Grundlage des vorliegenden Präventionsprogrammes für Kinder im Grundschulalter.

1. Ein Modell zur Beschreibung des Streßgeschehens

Dem transaktionalen Ansatz von Lazarus liegt die Annahme zugrunde, daß Streß nicht ausschließlich aus äußeren, auf das Individuum einwirkenden Reizen (Zeitdruck, Lärm, Hitze) resultiert. Vielmehr entsteht Streß zum einen in Abhängigkeit von der Art und Weise, wie weltereignisse vom Individuum wahrgenommen und bewertet werden, zum anderen in Abhängigkeit von den verfügbaren und genutzten Bewältigungsstrategien (s. Abbildung 1). Voraussetzung für Streßerleben ist demnach ein gestörtes oder instabiles Gleichgewicht zwischen situationalen Anforderungen einerseits und den Bewertungen und Copingstrategien des Individuums andererseits.

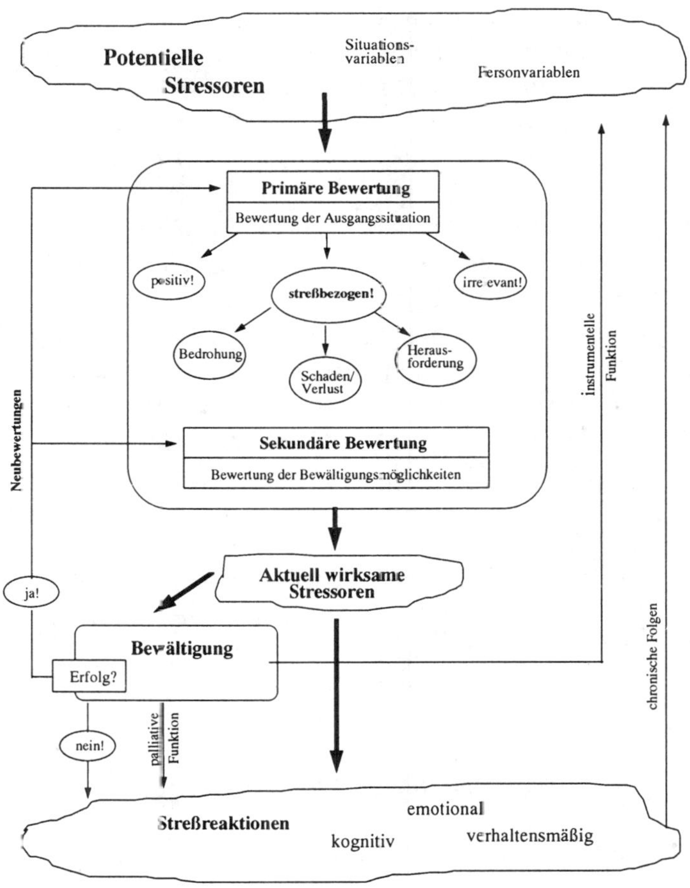

Abbildung 1: Graphische Darstellung des transaktionalen Streßansatzes (in Anlehnung an Kaluza & Basler, 1991).

Die Bewertungsprozesse sind ein grundlegender Faktor im Streßgeschehen, wobei zwischen primären und sekundären Bewertungen sowie Neubewertungen unterschieden wird. In der primären Bewertung werden Situationen oder Ereignisse als irrelevant, als positiv oder als streßbezogen eingeschätzt. Bei den streßbezogenen Bewertungen wird weiter differenziert in Schaden/Verlust (bei bereits eingetretener Schädigung), Bedrohung (bei erwarteter Schädigung oder erwartetem Verlust) und Herausforderung (bei erwarteter erfolgreicher Bewältigung einer risikoreichen Situation). Die Bewertung einer Situation als Herausforderung zeigt, daß das Erleben von Streß nicht ausschließlich negativ belegt sein muß.

In der sekundären Bewertung wird die Effektivität der eigenen zur Verfügung stehenden Bewältigungsmechanismen beurteilt. In den Neubewertungen kommt es zu einer Veränderung der primären und sekundären Bewertung aufgrund von Hinweisen aus der Umwelt oder Rückmeldungen über das eigene Verhalten.

Die zweite bedeutende Größe im Streßprozeß sind die eigenen Bewältigungsfähigkeiten, wobei zwischen Strategien mit instrumenteller bzw. problemlösender Funktion und solchen mit palliativer bzw. emotionsregulierender Funktion unterschieden wird. Instrumentelle Strategien beziehen sich auf die konkrete Veränderung der Umwelt (z.B. Änderung der Zeitplanung, Reduktion von Lärmquellen) oder eigener Personmerkmale (Ansprüche, Ziele, Gewohnheiten). Palliative Strategien dienen der Kontrolle der somatischen und emotionalen Streßreaktionen (Ausruhen/Schlafen, sich abreagieren, Entspannungsübungen, Ablenkungen).

2. Streß erfolgreich bewältigen

Wie die Darstellung des Streßverarbeitungsprozesses deutlich macht, ist Streßerleben von einer Vielzahl individueller Charakteristika und situationsspezifischer Umweltmerkmale abhängig. Wenn Art und Ausmaß des Streßerlebens so deutlich von Situation zu Situation und von Person zu Person variieren, dann ist kaum zu erwarten, daß es eine allgemeingültige Standardstrategie zur erfolgreichen Streßbewältigung gibt.

Es konnten jedoch Verhaltensweisen identifiziert werden, die ineffektiv oder sogar kontraproduktiv beim Umgang mit Belastungen sind. So zeigt der Vergleich des Bewältigungsverhaltens körperlich und psychisch Erkrankter mit dem Copingverhalten Gesunder, daß das Bewältigungsverhalten Erkrankter vergleichsweise selten problemorientiert auf die Ursachen von Belastungen gerichtet ist (Becker, 1985).

Umgekehrt kann jedoch ebenso nicht davon ausgegangen werden, daß mit dem ausnahmslosen Einsatz problemorientierter Strategien der goldene Weg der Streßbewältigung beschritten wird. Eine erfolgreiche Streßbewältigung setzt vielmehr die Verfügbarkeit eines breiten Spektrums potentieller Copingstrategien mit problemlösender und emotionsregulierender Funktion voraus.

Die Auswahl wirkungsvollen Bewältigungsverhaltens in akuten Belastungssituationen verlangt darüber hinaus die Fähigkeit zur realistischen Wahrnehmung der relevanten Charakteristika eines Stressors und die Kompetenz, das Ergebnis dieser Wahrnehmung mit funktional angemessenem Copingverhalten zu verknüpfen. Damit das ausgewählte Verhalten ausgeführt werden kann, muß das Individuum sowohl über die entsprechenden instrumentellen Überzeugungen und Verhaltensregeln, als auch über Informationen über die kurz- und längerfristige Wirksamkeit des Bewältigungsverhaltens verfügen (Perrez & Reicherts, 1992).

3. Streß bei Kindern im Grundschulalter

Lange Zeit war die Streßforschung ausschließlich auf Erwachsene beschränkt. Erst seit einigen Jahren werden Streßprozesse und ihre Auswirkungen auch bei Kindern untersucht. Es hat sich gezeigt, daß bereits im Grundschulalter ein großer Teil der Schüler angibt, eigenen Streß zu erleben (Hurrelmann, 1990; Lohaus, 1990; Dirks, Klein-Heßling & Lohaus, 1994). Moore (1975) unterscheidet dabei drei Arten von Stressoren, die in der Kindheit von Bedeutung sein können:

- Lebenskrisen (wie schwere Erkrankungen, Scheidung der Eltern, Tod eines Elternteils)
- entwicklungsbedingte Probleme (wie Schuleintritt, Pubertät)
- alltägliche Spannungen und Probleme

Werden Kinder zum eigenen Streßerleben befragt, dann sind es vor allem die alltäglichen Spannungen und Probleme, die mit Streß in Zusammenhang gebracht werden. In Lohaus (1990) finden sich die Ergebnisse einer Befragung von 342 Kindern und Jugendlichen im Alter von 7 bis 16 Jahren zu ihren Erfahrungen mit Streß. Die wichtigsten Ergebnisse dieser Studie sind in Abbildung 2 zusammengefaßt.

(a) Eigene Streßerlebnisse werden von 72% der 7 bis 11jährigen und von 81% der 12 bis 16jährigen Schüler berichtet.

(b) Keine Vorstellungen über die Verursachung von Streß finden sich bei 36% der jüngeren und 17% der älteren Schüler.

(c) Jüngere Kinder betonen externale Verursachungen von Streß, während in den höheren Altersgruppen sowohl externale als auch internale Streßursachen benannt werden.

(d) In allen Altersgruppen werden sowohl physische Streßsymptome (wie Kopf- und Bauchschmerzen) als auch psychische Streßsymptome (wie Ängste, Aggressionen oder Erschöpfungszustände) berichtet.

(e) Es bestehen kaum Kenntnisse über Streßbewältigungsstrategien, wobei 25% der Kinder annehmen, nichts gegen Streß unternehmen zu können.

Abbildung 2: Ergebnisse einer Befragung zu den Vorstellungen von Kindern und Jugendlichen über Streß (Lohaus, 1990)

Streßsituationen

72% der Sieben- bis Elfjährigen benannten konkrete Streßsituationen, überwiegend aus dem schul- und leistungsbezogenen Kontext (wie das Schreiben einer Klassenarbeit oder zu schwere bzw. zu viele Hausaufgaben), aber auch aus dem sozialen Bereich (wie Streit mit Freunden oder Eltern).

Über die Verursachung von Streß hatten 36% der Kinder und 17% der Jugendlichen keine Vorstellung. Wenn Angaben gemacht wurden, nannten die jüngeren Schüler überwiegend externale Faktoren (wie Streitigkeiten oder Zeitdruck), die älteren Schüler nannten sowohl externale als auch internale Faktoren.

Rudolph und Hammen (1999) konnten in einer Längsschnittuntersuchung mit Kindern und Jugendlichen im Alter von 8 bis 18 Jahren die vom transaktionalen Streßmodell postulierte Wechselwirkung zwischen Person und Umwelt beim Streßerleben nachweisen. Dabei zeigt sich, daß mit zunehmendem Alter selbsterzeugte Belastungssituationen (wie Auseinandersetzungen mit Freunden) an Bedeutung gewinnen, in denen Kinder und Jugendliche für das Erleben von Streß in einem gewissen Ausmaß selbst verantwortlich sind.

Streßbewältigungsstrategien

Zur Systematisierung von Copingstrategien sind verschiedene Vorschläge gemacht worden. Die verbreitete Unterscheidung zwischen Strategien mit instrumenteller und Strategien mit palliativer Funktion wurde bereits dargestellt. Auf weitere theoretische Ansätze soll hier nicht eingegangen werden. Eine gute Übersicht über empirisch fundierte Klassen von Bewältigungsverhalten gibt eine Metaanalyse von Ryan-Wenger (1992), die 16 Studien zum Streßbewältigungsverhalten von Kindern untersuchte. Die in Abbildung 3 aufgelisteten Strategiekategorien und die aufgeführten Beispiele vermitteln einen Eindruck über das Spektrum möglicher Strategien zur Bewältigung von Belastungen.

Kategorie	Repräsentative Strategie
• Aggressive Aktivitäten	- etwas zerstören - sich streiten
• Vermeidendes Verhalten	- schlafen - die Situation verlassen
• Ablenkendes Verhalten	- etwas anderes tun - spielen
• Vermeidende Kognitionen	- ein Problem leugnen - ignorieren
• Ablenkende Kognitionen	- sich visuell ablenken - Humor
• Problemlösen	- lernen - nachdenken
• Kognitive Umstrukturierung	- positiv denken - an Belohnung denken
• Emotionaler Ausdruck	- weinen - sich abreagieren
• Ertragen	- sich Furcht aussetzen - sich fügen
• Informationssuche	- untersuchen - fragen
• Rückzug	- eine Auszeit nehmen - woanders hingehen
• Selbstkontrolle	- sich entspannen - etwas trinken
• Soziale Unterstützung	- mit Freuden oder mit den Eltern sprechen
• Spirituelle Unterstützung	- beten
• Veränderung des Stressors	- Kompromiß vorschlagen - die Situation ändern

Abbildung 3: Klassifizierung von Streßbewältigungsstrategien (Ryan-Wenger, 1992; Übersetzung durch die Verfasser)

Auf die Frage, was sie gegen Streß tun können, wissen jedoch nur wenige Kinder im Grundschulalter konkrete Antworten. Wie Abbildung 2 zeigt, waren in der Befragung von Lohaus (1990) sogar 25% der befragten Kinder der Meinung, gegen Streß könne nichts getan werden. Wenn Strategien benannt wurden, bezogen sie sich überwiegend auf die Veränderung der Zeitplanung oder die Einhaltung von Ruhepausen.

Die Beobachtung von Defiziten in der Kenntnis von Streßbewältigungsstrategien ist nach Humphrey (1984) auch darauf zurückzuführen, daß Kindern nicht die gleichen Strategien zur Verfügung stehen wie Erwachsenen, da für sie Strategien mit Sanktionen verbunden sind, die bei Erwachsenen gebilligt werden. So zieht beispielsweise die Äußerung von Ärger oder Mißfallen im Unterricht für Schüler häufig negative Konsequenzen nach sich, während sie einem Lehrer eher zugestanden wird. Auch Tagträume, mit denen eine entspannende Wirkung verbunden sein kann, sind während des Schulunterrichts wenig erwünscht. Auch verbieten sich einem Kind bestimmte Vermeidungsstrategien (Situation verlassen, Leistung einstellen), die von Erwachsenen potentiell eingesetzt werden können.

Neben diesen Charakteristika der Streßbewältigung im Kindesalter werden auch Entwicklungsveränderungen im Einsatz von Bewältigungsstrategien von der Kindheit zur Jugend beobachtet. Für Kinder im Grundschulalter steht der Einsatz instrumentellen Bewältigungsverhaltens im Vordergrund. Strategien mit palliativer Funktion werden in dieser Altersgruppe noch selten eingesetzt, gewinnen aber im Jugendalter zunehmend an Bedeutung (Band & Weisz, 1988).

Ob problemorientiertes oder emotionsregulierendes Coping angemessen ist, hängt wesentlich von der Kontrollierbarkeit eines potentiellen Stressors ab. So sind in gut kontrollierbaren Streßsituationen instrumentelle Strategien, in wenig kontrollierbaren Situationen dagegen palliative Strategien effektiver (Hoffner, 1993). Die für eine situationsgerechte Auswahl von Bewältigungsverhalten erforderliche realistische Einschätzung der Kontrollierbarkeit einer Situation ist jedoch bei vielen Kindern nicht in hinreichendem Maße zu beobachten. Schon bei manchen Kindern findet sich beispielsweise ein Typ-A Verhaltensmuster, das durch ein Beharren auf Kontrolle in tatsächlich nicht kontrollierbaren Situationen gekennzeichnet ist. Und dieses inadäquate Bewältigungsmuster weist bereits bei Kindern im Grundschulalter eine gewisse Stabilität auf (Bergman & Magnusson, 1996).

Als guter Prädiktor für erfolgreiche Streßbewältigung hat sich die Verfügbarkeit allgemeiner Problemlösefähigkeiten erwiesen (Dubow &

Tisak, 1989; Cowen et al., 1992). Mit den Kompetenzen zur Problemdefinition, Lösungssuche, Entscheidungsfindung sowie der Erprobung und Bewertung von Lösungen können Kinder situationsspezifisch ihr individuelles Streßbewältigungsprogramm erarbeiten.

Streßsymptome

Sind Kinder über längere Zeit starkem Streß ausgesetzt, so kann dies zu beobachtbaren physiologischen, emotionalen und behavioralen Manifestationen führen (Banez & Compas, 1990; Dubow & Tisak, 1989; Ham & Larson, 1990; Johnson, 1992; Lohaus, Fleer, Freytag & Klein-Heßling, 1996).

Spangler (1999) deckte schon bei Grundschülern einen Zusammenhang zwischen Typ-A Verhalten und dem basalen Cortisolspiegel auf. Kinder mit stark ausgeprägtem Typ-A Verhalten hatten niedrigere basale Cortisol-Morgenwerte als Kinder mit weniger ausgeprägtem Typ-A Verhalten und zeigten damit eine körperliche Anpassungsreaktion auf chronischen Streß. Denn während in akuten Streßsituationen eine erhöhte Cortisolausschüttung eine angemessene körperliche Mobilisierungsreaktion darstellt, kann die Dämpfung dieser Reaktion zur Vermeidung langfristiger negativer Konsequenzen die hormonelle Reaktion auf eine dauerhafte Streßbelastung darstellen.

In einer Befragung von 638 Dritt- und Viertkläßlern gaben 29.7% an, mehrmals in der Woche nicht gut schlafen zu können, 17.5% hatten mehrmals in der Woche keinen Appetit, 17.1% Kopfschmerzen und 11.1% Bauchschmerzen. (Lohaus et al., 1996; s. Abbildung 4). Bei einigen Befragten verbergen sich hinter den Beschwerden sicherlich auch akute oder chronische Erkrankungen, die nicht mit Streßbelastungen in Zusammenhang stehen. Die Angaben liegen jedoch in Größenordnungen, die eine ausschließliche Erklärung durch akute oder chronische Erkrankungen unwahrscheinlich erscheinen lassen. Dies wird auch durch eine positive Korrelation zwischen der Häufigkeit von Streßsymptomen und der Intensität des Streßerlebens über verschiedene Situationen hinweg belegt, die ebenfalls darauf hinweist, daß ein Teil der berichteten Beschwerden als Streßsymptome zu interpretieren ist.

Die Erfahrung von chronischem Streß führt nach Thoresen und Eagleston (1983) nicht nur zur Entwicklung längerfristiger Symptome, sondern auch zu kurzfristigen Reaktionen (wie Konzentrationsschwierigkeiten oder emotionalen Befindlichkeitsstörungen), die das aktuelle Erleben und Verhalten beeinflussen.

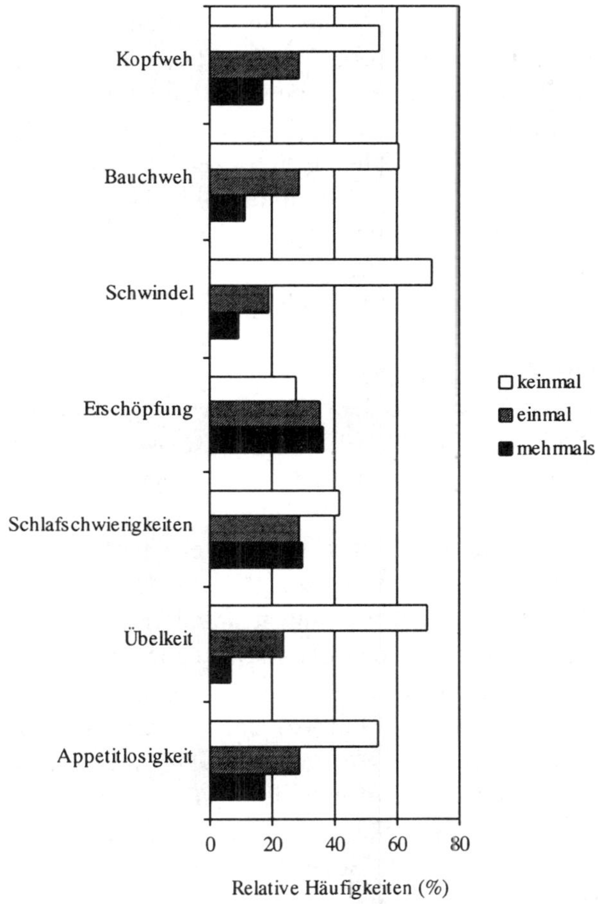

Abbildung 4: Nennung von körperlichen Symptomen durch Dritt- und Viertkläßler (bezogen auf den Zeitraum einer Woche).

Protektive Faktoren

Als protektive Faktoren werden im Zusammenhang mit dem Streßerleben von Kindern solche Einflußgrößen bezeichnet, die bei hoher potentieller Streßbelastung die Manifestation von Streßsymptomen verhindern.

Schutzfaktoren, die beim Kind selbst lokalisiert sind, sind hohe Selbstwirksamkeitserwartungen und internale Kontrollüberzeugungen (bezogen auf die Erwartungen, mit eigenem Verhalten Belastungen zu bewältigen). Auch ein hoher Selbstwert bildet einen „Puffer" in der Beziehung zwischen kritischen Lebensereignissen und der Entwicklung psychischer Symptome, so daß es trotz einer beobachteten großen Belastung nicht zu einer hohen psychischen und physischen Beanspruchung eines Kindes kommt (Kliewer & Sandler, 1992). Streßbewältigungskompetenzen, wie allgemeine Problemlösefähigkeiten, eine realistische Einschätzung der Kontrollierbarkeit einer Situation und die Verfügbarkeit von instrumentellen und palliativen Strategien, die ein situationsgerechtes Coping ermöglichen, sind ebenfalls Eigenschaften, die negative Folgen von Belastungen mildern oder gar verhindern (Dubow & Tisak, 1989; Work, Cowen, Parker & Wyman, 1990; Metzke & Steinhausen, 1999).

Neben diesen protektiven Eigenschaften des Kindes kann auch das soziale Umfeld die Auswirkungen von Belastungen abfedern. Es kann sowohl beim Aufbau der obengenannten Kognitionen und dem Erwerb vom Bewältigungsverhalten als auch bei der aktiven Streßbewältigung Einfluß nehmen (Work et al., 1990), indem das soziale Umfeld dort helfend einspringt, wo dem Kind die Möglichkeiten zur instrumentellen Bewältigung fehlen. Soziale Unterstützung kann daneben auch palliative Funktionen haben, beispielsweise wenn sie Kinder durch Trostspenden bei der emotionalen Bewältigung von Belastungen hilft.

4. Streßbewältigungstrainings für Kinder

Zusammenfassend läßt sich festhalten, daß eine Reduktion der Streßbelastung oder eine Linderung der Streßsymptome einen erheblichen Beitrag zur Krankheitsprävention und Gesundheitsförderung im Kindesalter leisten würde. Hier sind theoretisch unterschiedliche Interventionen denkbar (einen Überblick über Strategien der Gesundheitsförderung bei Kindern und Jugendlichen gibt Lohaus, 1993). Nach dem transaktionalen Streßansatz scheint die Förderung von Streßbewältigungskompetenzen in diesem Zusammenhang die erfolgversprechendste Strategie zu sein, denn dadurch wird der Individualität des Streßverarbeitungsprozesses in angemessener Form Rechnung getragen. Dem sozialen Umfeld kommt darüber hinaus die Aufgabe zu, Anforderungen so zu gestalten, daß Kinder herausgefordert und nicht überfordert werden.

Obwohl heute eine Reihe von Veröffentlichungen vorliegt, die sich mit verschiedenen Aspekten des Streßerlebens von Kindern beschäftigen, finden sich kaum Arbeiten, die die Förderung angemessener Formen der Streßbewältigung thematisieren. Während für den Erwachsenenbereich schon einige umfassendere Programme vorliegen, beschränken sich Streßbewältigungsprogramme für Kinder vorwiegend auf die Verbesserung der Entspannungsfähigkeit der Kinder (s. hierzu Friedrich & Friebel, 1993; Vopel, 1991; auf den Einsatz von Entspannungstechniken im Rahmen von Streßbewältigungsprogrammen wird in Kapitel 6 gesondert eingegangen).

Doch wenn effektive Streßbewältigung dadurch gekennzeichnet ist, daß auf unterschiedliche situative Anforderungen flexibel reagiert werden kann, dürfte eine Verbesserung der Entspannungsfähigkeiten von Kindern isoliert keine hinreichende Förderung von Bewältigungskompetenzen darstellen. Vielmehr sollte versucht werden, diese Flexibilität in Trainings zu schulen. Dabei sollten Interventionen sowohl die kognitive wie auch die behaviorale Ebene ansprechen und sowohl instrumentelle wie auch palliative Strategien vermitteln. Mit dem „Streßpräventionstraining für Kinder im Grundschulalter" liegt ein solcher mehrdimensionaler Ansatz für Kinder im Grundschulalter vor. Ein vergleichbares Konzept zur Streßintervention wurde von Hampel und Petermann vorgestellt. Das Anti-Streßtraining (Hampel & Petermann, 1998) richtet sich dabei mit der Zielgruppe der Acht- bis Dreizehnjährigen an eine etwas andere Altersgruppe.

Das soziale Umfeld ist eine bedeutende Einflußgröße, die als Schutzfaktor die Auswirkungen von Belastungen abfedern kann, die zugleich aber auch nicht selten Belastungen erzeugt oder zumindest mitbewirkt. Mehrdimensionalität meint daher bei Streßbewältigungstrainings für Kinder auch, mit dem Training nicht nur das Kind selbst, sondern auch seine Eltern anzusprechen.

Streßbewältigungstrainings können bei Kindern im Grundschulalter sowohl präventiv als auch interventiv eingesetzt werden. Wie die Auftretensraten körperlicher Beschwerden zeigen, kann effektive Streßbewältigung bei einer Reihe von Kindern zu einer Verbesserung des Wohlbefindens führen. Eine Förderung der Streßbewältigungskompetenzen kann dabei auch im Sinne von Sekundär- und Tertiärprävention eine Linderung der Symptome chronisch kranker Kinder unterstützen, z.B. bei Neurodermitis (Skusa-Freeman et al., 1997) oder Migräne (Sartory et al., 1998). Auf der anderen Seite ist die Einübung eines neuen Umganges mit Belastungen einfacher, wenn sich ineffektives Verhalten noch nicht eingeschliffen hat. Somit kann die Teilnahme an Streßbewältigungstrainings auch für solche Kinder geeignet und erfolgversprechend sein, die gegenwärtig noch nicht unter zu hohen Streßbelastungen leiden, jedoch in der Zukunft von einem Streßbewältigungstraining profitieren könnten.

Gerade bei präventiven Maßnahmen mit Kindern sollte bedacht werden, daß sich der Erfolg einer Maßnahme für das Kind erst in der Zukunft zeigen kann. Ein präventives Trainingsprogramm für Kinder sollte daher so konzipiert werden, daß die Teilnahme neben einem längerfristigen kompetenteren Umgang mit Belastungen zusätzlich auch einen unmittelbaren Anreiz beinhaltet. Eine spielerische Ausgestaltung von Übungen und die Berücksichtigung des Spaßfaktors bei der Durchführung sollten daher die Herstellung und Aufrechterhaltung der Teilnahmemotivation fördern.

Kapitel 2: Trainingskonzeption

In diesem Kapitel wird die Zielsetzung des Trainings hergeleitet und es werden seine Grundzüge beschrieben. Eine detaillierte Beschreibung der einzelnen Trainingselemente und des Programmablaufes geben die Kapitel 5 und 6.

1. Trainingsziele

Das vorliegende Streßpräventionstraining kann Kindern zum einen Anregungen und Hilfestellungen zu einer adäquaten Bewältigung in akuten Belastungssituationen geben. Zum anderen kann es die Kompetenz der Kinder für die Bewältigung zukünftiger Streßsituationen fördern. Daraus ergeben sich zwei Richtziele für das Training:

Richtziele des Trainings:

- Die Kinder bewältigen akute Streßsituationen nach dem Training effektiver.

- Die Kinder sind auf zukünftige Streßsituationen vorbereitet.

Bevor Möglichkeiten der Streßprävention und Streßbewältigung thematisiert werden können, müssen Kinder in einem ersten Schritt verstehen, welche Faktoren das Streßgeschehen bestimmen und welche Ressourcen ihnen für eine Beeinflussung zur Verfügung stehen. Dieses Wissen über Streß fördert eine differenziertere Bewertung potentieller Streßsituationen und kann sich daher positiv auf das aktuelle Streßerleben auswirken. In diesem Training sollen mit den Kindern Streßsituationen und die diese begleitenden Gedanken, Gefühle und Reaktionen erarbeitet werden. Der Trainingsleiter und die Kinder sollen sich dabei auf ein gemeinsames Streßkonzept beziehen, in das sie die Inhalte des Trainings einordnen können. In einem weiteren Schritt sollen die Kinder verschiedene Streßbewältigungsstrategien kennenlernen. Denn das Risiko, durch Streß überfordert zu werden, sinkt mit zunehmender Flexibilität in der Anwendung von Bewältigungsstrategien.

Das Wissen um eigene Ressourcen zur Streßbewältigung impliziert allerdings nicht jene Fähigkeiten, die für eine Änderung des Verhaltens in streßbezogenen Transaktionen notwendig sind. Um solche Fähigkeiten zu erwerben, werden die neuen Kenntnisse während des Trainings in aktives Handeln umgesetzt und ihre Anwendung wird erprobt und bewertet.

Wichtig für den Erfolg dieses Trainings ist vor allem die Schaffung einer angenehmen Lernatmosphäre, die die Kinder motiviert, offen über ihre eigenen Gefühle, ihre Streßerlebnisse und ihre Strategien zu sprechen und die dazu führt, daß die Kinder gern zu den einzelnen Trainingssitzungen kommen.

Um die allgemeinen Richtziele des Trainings zu erreichen, werden deshalb die folgenden Teilziele abgeleitet:

Teilziele des Trainings:

- Die Kinder kennen ein anschauliches Streßmodell.

- Die Kinder nehmen ihr eigenes Streßgeschehen differenzierter wahr.

- Die Kinder verfügen nach dem Training über ein breiteres Spektrum an Streßbewältigungsstrategien.

- Die Kinder erproben und bewerten neue Streßbewältigungsstrategien

- Die Kinder haben Spaß an der Trainingsteilnahme.

2. Trainingsbausteine

Aus den Teilzielen werden vier Trainingsbausteine hergeleitet. Die Bausteine orientieren sich am Streßmodell von Lazarus. Es soll deutlich werden, daß effektive Streßbewältigung sowohl palliative wie instrumentelle Funktionen beinhaltet und dabei auf die eigene Person und auf die Umwelt einwirkt. Zu den palliativen Strategien gehört das Wissen um die Bedeutung von Entspannung, Ruhe, Erholung und Abwechslung als Belastungsausgleich. Das Gespräch mit anderen, das Ablehnen von Verpflichtungen und die positive Selbstinstruktion sind den instrumentellen Strategien zuzuordnen.

Bausteine des Streßbewältigungstrainings

- Kennenlernen eines Streßmodells
- Wahrnehmung eigener Streßreaktionen
- Erkennen von Streßsituationen
- Einsatz von Bewältigungsstrategien:
  - Sich über eigenes Streßerleben mitteilen
  - Entspannung/Ruhepausen
  - Spielen/Spaß haben
  - Kognitive Strategien

Bei der Auswahl eines anschaulichen Streßmodells ist zu beachten, daß das transaktionale Streßmodell von Lazarus in seinem Umfang und in seiner Komplexität von Kindern im Grundschulalter nicht zu erfassen ist. Eine Vereinfachung dieses Modells soll deshalb die gemeinsame theoretische Grundlage des Trainings bilden:

In Form einer Waage werden die Zusammenhänge zwischen Streßsituationen, Streßreaktionen und Bewältigungsstrategien veranschaulicht. Im Laufe des Trainings wird die Wahrnehmung von potentiellen Streßsituationen geschärft, und die Kinder lernen neue Streßbewältigungsstrategien kennen. Dabei wird bei der Erarbeitung von Streßbewältigungsstrategien auf die Erfahrung der Kinder zurückgegriffen.

Eine altersangemessene didaktische Umsetzung für die Erprobung und Bewertung von Copingstrategien bieten das Rollenspiel und verhaltensbezogene Hausaufgaben. Durch die konkrete Umsetzung der neuen Strategien soll das Wissen über Streß und Streßbewältigung um Erfahrungen mit der Handlungsrealisation ergänzt werden. Das aktive Einüben und Bewerten von Bewältigungsstrategien während der Trainingssitzungen und zu Hause bildet deshalb einen Schwerpunkt dieses Trainings.

Die Fähigkeit, sich körperlich zu entspannen und gedanklich abzuschalten, bietet die Möglichkeit, Streß palliativ zu bewältigen. Daher sollen die Kinder im Rahmen des Trainings eine Entspannungstechnik kennenlernen und einüben. Bei der Auswahl einer für Grundschüler angemessenen Entspannungstechnik wurde eine Entscheidung zugunsten der Progressiven Muskelrelaxation (nach Jacobson, 1938) getroffen, da diese Technik auch von Kindern gut und schnell erlernt werden kann.

Wie Petermann & Petermann (1993) feststellen, ist die Durchführung von Entspannungstechniken bei Kindern allerdings nicht unproblematisch. Insbesondere Kindern mit Sprachproblemen, mit wenig Phantasie, mit motorischer Unruhe oder Konzentrationsschwierigkeiten fällt es schwer, sich auf Entspannungsübungen einzulassen. Obwohl versucht wurde, die Progressive Muskelrelaxation auf eine für Kinder attraktive Weise umzusetzen, kann es daher vorkommen, daß die Entspannung manche Teilnehmer langweilt oder überfordert und so eine Durchführung in den Trainingssitzungen unmöglich wird. Um den Trainingsablauf nicht zu stark von solchen Unwägbarkeiten abhängig zu machen, ist deshalb der Entspannungsanteil in den einzelnen Sitzungen auf ein geringes Maß reduziert. Damit Kinder, die die Progressive Muskelrelaxation lernen möchten, beim Üben unterstützt werden, können die Teilnehmer zusätzlich eine Audiokassette mit Entspannungsinstruktionen erhalten.

Um allzu lange Phasen der Konzentration zu vermeiden, werden die Sitzungen durch Bewegungsspiele aufgelockert. Bei der Einführung dieser Auflockerungsübungen sollte der Zusammenhang mit dem Trainingskontext „Streß" deutlich werden („Was wir gerade gemacht haben, war ja ganz schön anstrengend. Deshalb machen wir jetzt ein Spiel, um neue Kraft zu schöpfen").

Effektive Streßbewältigung hängt allerdings nicht allein von den Kindern ab und deshalb sollen auch die Eltern an diesem Streßbewältigungsprogramm für Kinder beteiligt werden. An zwei Elternabenden werden das transaktionale Streßmodell von Lazarus und die Streßwaage vorgestellt. Die Wahrnehmung der Eltern für Streßsymptome und potentielle Streßsituationen soll geschärft werden. Darüber hinaus lernen die Eltern die Bewältigungsmöglichkeiten, die mit den Kindern erarbeitet werden, kennen.

3. Rahmenbedingungen

Für die Kommunikation mit Kindern und Eltern trägt das Training den Namen „Bleib locker". Diese Bezeichnung ist sehr einprägsam und spiegelt zugleich die positive Zielsetzung des Trainings wider. Das Arbeits- und Präsentationsmaterial sowie die Entspannungskassette sind daher mit dem Titel „Bleib locker" überschrieben.

Das Training ist für Gruppengrößen von 8 bis max. 12 Kindern konzipiert. Es umfaßt acht Doppelstunden (90 Minuten), die in wöchentlichem Abstand stattfinden können. Zielgruppe sind Kinder, die zur Zeit durch Streß belastet sind oder die in Zukunft primärpräventiv von einem solchen Training profitieren können. Auswahlkriterium für die Teilnahme ist zunächst die Anmeldung der Kinder durch ihre Eltern.

Für den reibungslosen Ablauf ist darüber hinaus eine gewisse Gruppenhomogenität bezüglich der kognitiven Entwicklung und der Symptomatik zu fordern. Ähnliche Lernvoraussetzungen sollen dadurch gewährleistet sein, daß die Trainings für Kinder im dritten und vierten Grundschuljahr angeboten werden. Eine Ausdehnung des Altersbereiches auf das zweite und fünfte Schuljahr ist möglich, wobei Kinder des zweiten Schuljahres unter Umständen Schwierigkeiten beim Lesen des Arbeitsmaterials haben. Für Kinder des fünften Schuljahres könnten manche Trainingselemente zu „kindlich" sein. Derartige Probleme sollten in einem Vorgespräch mit den Eltern geklärt werden. Die Beteiligung der Kinder an den Sitzungen und an einzelnen Übungen und Spielen ist freiwillig.

Dem Training geht eine Elterninformationsveranstaltung voraus und es wird durch zwei Elternabende nach der ersten und letzten Sitzung des Kindertrainings begleitet. Die Elternveranstaltungen dauern ebenfalls jeweils 90 Minuten.

Kontraindikationen

Hinsichtlich der Symptomatik ist wünschenswert, daß (a) die Kinder durch die Gruppensituation nicht zu stark belastet werden und (b) die Gruppenarbeit durch einzelne Kinder nicht gestört wird. Daraus ergibt sich, daß die Teilnahme von hyperaktiven oder aggressiven, aber auch von extrem sozial ängstlichen Kindern problematisch sein könnte.

Weiter kann durch ein Streßbewältigungstraining keine Therapie ersetzt werden. Daher ist das Training nicht (oder nicht ausschließlich) geeignet für Kinder, die wegen einer stark beeinträchtigenden chronisch psychischen oder somatischen Erkrankung psychotherapeutische oder medizinische Hilfe benötigen oder die zur Zeit psychotherapeutisch behandelt werden. In jedem Fall sollte der Teilnahme eine Absprache mit den behandelnden Personen vorausgehen.

Die Eltern werden auf dem Elterninformationsabend über diese Teilnahmevoraussetzungen informiert. Sollten Kinder aus oben genannten Gründen nicht am Training teilnehmen können, sollten den Eltern nach Möglichkeit Alternativen angeboten werden (z.B. Adressen von Beratungsstellen oder Fachärzten in der Nähe des Wohnortes).

4. Material

Für die Trainingsdurchführung sollte der Trainingsleiter folgende Materialien vorbereiten:

Folien

Im Anhang finden sich Kopiervorlagen für Folien, die in der Elterninformationsveranstaltung und an den Elternabenden genutzt werden können.

Streßwaage

Das Modell einer Waage soll den Kindern die Grundideen der transaktionalen Streßauffassung veranschaulichen. Als „Streßwaage" (s. Abbildung 5) stellt es das grundlegende Lernmedium des Trainings dar. Diese Waage kann auf unterschiedliche Weise für das Training umgesetzt werden:

(a) Sie kann mit den entsprechenden Beschriftungen an eine Tafel oder auf ein Flip-chart gezeichnet werden.

(b) Zur besseren Demonstration ihrer Dynamik kann sie auch aus Pappe ausgeschnitten und mit einem schwenkbaren Balken mit Waagschalen versehen werden.

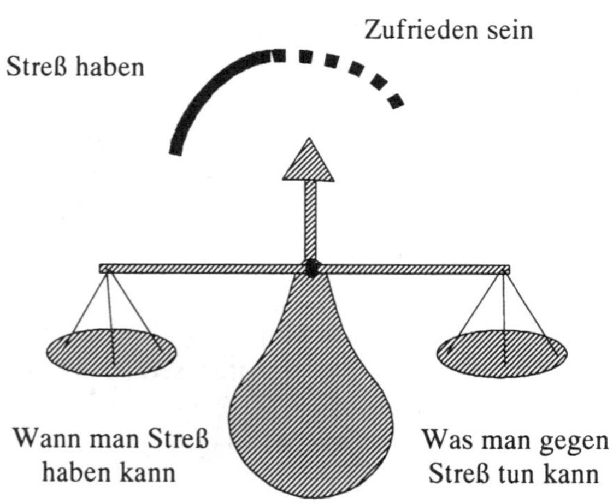

Abbildung 5: Darstellung der Streßwaage (Dirks et al., 1994)

Die verschiedenen Aspekte des Streßgeschehens (wie Streßsymptome, Streßsituationen und Streßbewäligungsstrategien), die im Laufe des Trainings erarbeitet werden, werden auf Karteikarten notiert und mit Klebeband an die entsprechenden Stellen zur Streßwaage geheftet.

Materialhefter

Als Material sollte jedes Kind einen Hefter mit den Arbeitsblättern erhalten (Die Kopiervorlagen finden sich im Anhang). Die Hefter bleiben während des Trainings beim Trainingsleiter und werden in den relevanten Sitzungen zum Bearbeiten ausgeteilt. Die Hefter erhalten die Kinder am Trainingsende ausgehändigt.

Spielgerät

Es sollte Spielgerät für diejenigen Kinder zur Verfügung stehen, die schon vor dem offiziellen Beginn im Trainingsraum eintreffen oder nach Beendigung der Sitzung warten müssen, bis sie abgeholt werden.

Entspannungskassetten

Ist vom Trainingsleiter intendiert, daß die Kinder (oder einzelne Kinder) regelmäßig zu Hause Entspannung üben, empfiehlt sich die Bereitstellung einer Audiokassette mit Instruktionen zur Progressiven Muskelrelaxation. Eine solche Kassette wird als Zusatzmaterial zu diesem Trainingsmanual angeboten.

5. Das Training im Überblick

Elterninformations-veranstaltung	**Inhalte:** • Hintergründe zum Training • Einflußmöglichkeiten von Eltern • Vorstellung des Trainings • Offene Fragen • Möglichkeit zur Anmeldung

	Bausteine der Sitzung	**Inhalte der Sitzung**
Erste Doppelstunde	• Kennenlernen • Streßmodell „Streßwaage" • Ruhepausen • Positive Selbstinstruktion	• Kennenlernspiel: „Wollknäuel" • Aufstellen von Regeln • Brainstorming „Streß" • Vorstellung „Streßwaage" • Kennenlernen der Progressiven Muskelrelaxation (PMR) • „Ich bin stolz" - Rundblitz
Erster Elternabend	• Kennenlernen • Streßmodell „Streßwaage"	• Vorstellungsrunde • Streß: „Was ist das eigentlich?" • Erläuterung der Streßwaage • Vorstellung der Trainingsinhalte
Zweite Doppelstunde	• Eigene Streßreaktionen • Ruhepausen • Auflockerung	• Gefühle raten • Streßreaktionen zeichnen • Auswertung PMR Hausaufgabe • „Indianerschrei" • „Dirigent"
Dritte Doppelstunde	• Streßsituationen • Ruhepausen • Auflockerung	• Steckbrief „Streß" • Auswertung PMR Hausaufgabe • „Sprung in die Wachheit" • Hausaufgabe: „Indianerschrei" und „Sprung in die Wachheit" • „Regentanz"
Vierte Doppelstunde	• Bewältigungsstrategien • Sich über Streß mitteilen • Positive Selbstinstruktion • Ruhepausen	• „Was ich bei Streß alles tun kann" - Liste • Einstieg in Rollenspiele: „Genießertüte" • Rollenspiele: „Schlechte Arbeit zurückbekommen" • „Ich bin stolz" - Rundblitz • PMR „Kurzform" • Auswertung Hausaufgabe „Indianerschrei" und „Sprung in die Wachheit"

	Bausteine der Sitzung	**Inhalte der Sitzung**
Fünfte Doppelstunde	• Sich über Streß mitteilen • Ruhepausen • Auflockerung	• Rollenspiele: „Geärgert werden“ • Fallgeschichte: „Harald Hetzig“ • „Bitte nicht stören“ - Schilder malen • Hausaufgabe: Schilder aufhängen • „Clown“ und „Zusammen aufstehen“
Sechste Doppelstunde	• Ruhepausen • Spielen/Spaß haben als Bewältigungsstrategie • Auflockerung	• Auswertung Hausaufgabe: „Bitte nicht stören“ - Schilder aufhängen • „Sprung in die Wachheit“ • Fallgeschichte „Petra Plan“ • Erstellen eines individuellen Stundenplanes • „Was mir alles Spaß macht“ - Liste • „Waschstraße“
Siebte Doppelstunde	• Positive Selbstinstruktion • Ruhepausen • Auflockerung	• Streßinduzierende Gedanken: Comic 1 und Arbeitsblatt „Was ich denke, wenn ich Streß habe“ • Entlastende Gedanken: Comic 2 und Arbeitsblatt „Was ich gegen Streß alles denken kann“ • „Ich bin stolz“ - Rundblitz • PMR „Blitzentspannung“ • „Zublinzeln“
Achte Doppelstunde	• Rückblick • Ruhepausen • Auflockerung	• Brainstorming: „Bleib locker ...“ • „Streßquiz“ • „Abschlußinterviews“ • „Sprung in die Wachheit“ • „Reise nach Jerusalem“
Zweiter Elternabend	• Rückblick • Streßbewältigungsstrategien - Sich über Streß mitteilen - Ruhepausen - Spielen/Spaß haben - Positive Selbstinstruktion	• Rückblick und Erfahrungsaustausch • Vorstellen der Bewältigungsbausteine • Sammeln von Situationen • Diskussion: Unterstützungsmöglichkeiten • Rückmeldung und offene Fragen

Kapitel 3: Trainingsevaluation

Das vorliegende Streßbewältigungsprogramm ist als Resultat mehrerer Evaluationsstudien entstanden, die in diesem Kapitel kurz vorgestellt werden. An die Evaluation des Traininingsprogrammes schlossen sich Untersuchungen zur Wirksamkeit von Entspannungsverfahren bei Kindern an, die für die Gestaltung von Streßbewältigungstrainings Bedeutung haben und daher in einem eigenen Abschnitt vorgestellt werden. Am Ende dieses Kapitels werden aus den dargestellten Evaluationsergebnissen Konsequenzen für die Ausgestaltung eines effektiven Streßbewältigungstrainings für Kinder abgeleitet.

1. Evaluation des Streßpräventionstrainings

In der Evaluationsstudie I (Dirks, Klein-Heßling & Lohaus, 1994). über die im folgenden zunächst kurz berichtet wird, kam ein verkürztes Streßbewältigungsprogramm zum Einsatz, das über vier Doppelstunden in zwei Grundschulklassen durchgeführt wurde, während zwei andere Klassen als Kontrollgruppen ohne Programmeinsatz dienten.

Die wesentlichen Ziele des Kurzprogrammes bestanden (a) in der Vermittlung eines anschaulichen Streßmodells (in Form einer Streßwaage), (b) im Kennenlernen, Erproben und Bewerten neuer Bewältigungsstrategien und (c) im Erlernen einer Entspannungstechnik (der Progressiven Muskelrelaxation).

Erwartungsgemäß zeigte sich, daß das Training die Identifikation von Streßsymptomen erleichterte. Weiterhin konnten die Kinder nach dem Training deutlich mehr Streßbewältigungsstrategien benennen, wobei hier etwa die vierfache Höhe des Ausgangswertes erreicht wurde. Wenig Veränderungen ergaben sich dagegen beim physischen und psychischen Befinden der Schüler. Obwohl sich eine größere Zufriedenheit im Umgang mit einzelnen Situationen zeigte (insbesondere in der Hausaufgabensituation), fanden sich im allgemeinen wenig Ein möglicher Grund für die geringen Veränderungen im Erleben und Befinden der Kinder kann darin liegen, daß ein Programm mit vier Doppelstunden möglicherweise nicht umfangreich genug ist, um Effekte auf diesen Dimensionen zu erzielen. Eine andere Ursache können die großen Teilnehmergruppen sein, die mit Interventionen in Schulklassen verbunden sind. Dies führt beispielsweise zu dem Effekt, daß nicht alle Schüler an den Rollenspielübungen teilnehmen können. Weiterhin fehlte in dem Interventionsprogramm eine Einbindung der Eltern, die einen wesentlichen Einfluß auf das Streßerleben ihrer Kinder haben und dazu beitragen können, daß einzelne Programmelemente in ihrer Wirkung unterstützt werden. Da in der Evaluation lediglich Effekte des Gesamtprogrammes überprüft wurden, bleibt zudem offen, welche spezifischen Programmelemente (wie Wissensvermittlung, Entspannungsübungen oder Rollenspiele) in besonderem Maße zur Programmwirkung beitragen.

Diese kritischen Überlegungen waren der Anlaß zu einigen gezielten Modifikationen des Interventionsprogrammes, die zu der zweiten Evaluationsstudie führten. Die Veränderungen bezogen sich vor allem auf die folgenden Punkte:

- Ausdehnung des Interventionsprogrammes auf acht Sitzungen mit jeweils 90 Minuten
- Reduktion der Gruppengröße auf 8 bis 12 Teilnehmer
- Systematische Variation von Programmelementen
- Einbindung der Eltern in drei zusätzlichen Sitzungen (Elternabende)
- Hinzufügung einer Nachbefragung nach sechs Monaten, um langfristige Effekte des Interventionsprogrammes erfassen zu können.

An der Evaluationsstudie II, die von der Techniker Krankenkasse im Rahmen eines Modellprojektes gefördert wurde, nahmen 170 Kinder (71 Mädchen und 99 Jungen) des dritten und vierten Schuljahres teil. Die Streßbewältigungstrainings wurden nachmittags in den Gruppenräumen der Geschäftsstellen der Techniker Krankenkasse in Bielefeld, Bochum, Dortmund, Essen, Gladbeck, Hagen, Hamm, Köln und Oberhausen durchgeführt. Trainingsleiter waren zwei Diplom-Psychologinnen und zwei Diplom-Psychologen.

Programmbeschreibung

Das Streßbewältigungstraining wurde in vier verschiedenen Varianten realisiert, um dadurch die Wirkung einzelner Trainingselemente evaluieren zu können. Alle Trainingsbedingungen basieren auf einem gemeinsamen Grundkonzept mit vier Bausteinen: (1) Kennenlernen eines Streßmodells (auch hier in Form der Streßwaage), (2) Wahrnehmung eigener Streßreaktionen, (3) Erkennen von Streßsituationen und (4) Einsatz von Bewältigungsstrategien. Dabei werden die folgenden Streßbewältigungsstrategien thematisiert:

(a) Sich über eigenes Streßerleben mitteilen
(b) Einplanen von Ruhepausen
(c) Spielen und Spaß haben
(d) Kognitive Strategien der Streßbewältigung

Die Unterschiede zwischen den Trainingsbedingungen liegen in der Akzentuierung verschiedener Schwerpunkte (Vermittlung überwiegend palliativer versus instrumenteller Bewältigungsstrategien) sowie in der Wahl unterschiedlicher Vermittlungsmethoden (vorwiegend kognitiv versus verhaltensorientiert). Im Wissenstraining wird dazu vorrangig Wissen über Streßerzeugung und Streßprävention vermittelt. Auch in den drei übrigen Programmvarianten wird ein Basiswissen über verschiedene Aspekte des Streßgeschehens erarbeitet. Das Entspannungstraining rückt darüber hinaus die Erprobung und Bewertung der Progressiven Muskelrelaxation in den Mittelpunkt, wobei die Auswahl dieser Entspannungstechnik mit der leichten Erlernbarkeit auch durch jüngere Kinder begründet ist. Im Problemlösetraining steht der Erwerb von Problemlösefähigkeiten im Vordergrund (hauptsächlich unter Verwendung von Rollenspieltechniken und verhaltensbezogenen Hausaufgaben). Das Kombinationstraining ist aus den zentralen Elementen der anderen Trainingsvarianten zusammengesetzt. Jedes Training erstreckt sich über acht Doppelstunden in wöchentlichem Abstand.

Bei der Hälfte der Programmdurchführungen wurden die Eltern mitbeteiligt, um den zusätzlichen Effekt des Einbezugs der Eltern erfassen zu können. In den drei Elternabenden der Bedingungen mit Elternbeteiligung wird eine vereinfachte Form des transaktionalen Streßmodells von Lazarus vorgestellt, und es wird über Aspekte des Streßgeschehens bei Kindern referiert. Weiter werden Möglichkeiten vorgestellt und diskutiert, wie Eltern ihre Kinder bei einer effektiven Streßbewältigung unterstützen können.

Untersuchungsdesign

Zur Überprüfung von Trainingseffekten wurde ein quasiexperimentelles Wartekontrollgruppendesign gewählt. Tabelle 1 gibt einen Überblick zum Untersuchungsdesign mit den Untersuchungsbedingungen und Stichprobengrößen, wobei jeder Untersuchungsbedingung zwei Trainingsgruppen entsprechen.

Um die Programmwirkungen überprüfen zu können, wurden in allen Bedingungen schriftliche Prä- und Posttests eingesetzt. Die Vorbefragung fand unmittelbar vor Kursbeginn, die Nachbefragung eine Woche sowie sechs Monate nach Kursende statt. Neben den Kindern wurde jeweils ein Elternteil postalisch befragt. Die Trainingsleiter füllten jeweils nach Ende einer Kurssitzung vorstrukturierte Protokolle aus.

Evaluationskriterien

Bei der Definition der Evaluationskriterien wird sowohl die präventive als auch die korrektive Zielsetzung des Interventionsprogrammes berücksichtigt. Für eine Vorbereitung auf zukünftige Streßsituationen ist (a) eine differenziertere Wahrnehmung des eigenen Streßerlebens sowie (b) die Verfügbarkeit eines breiteren Spektrums möglicher Streßbewältigungsstrategien von Bedeutung.

Die Kriterien zur Evaluation der aktuellen Streßbewältigung beziehen sich auf (c) eine positive Veränderung im Streßerleben der Teilnehmer und (d) eine Veränderung des Verhaltens in Belastungssituationen. Als weiteres Kriterium wurde (e) die Bewertung der Trainings durch die teilnehmenden Kinder und ihre Eltern einbezogen. Die fünf Evaluationskriterien wurden mit Fragebögen für die Kinder und ihre Eltern erhoben.

	Elternbeteiligung	
	ja	**nein**
Wissenstraining	n = 15	n = 19
Problemlösetraining	n = 20	n = 18
Entspannungstraining	n = 21	n = 18
Kombinationstraining	n = 18	n = 19
Wartekontrollgruppe	n = 22	

$N_{ges} = 170$

Tabelle 1: Überblick zum Untersuchungsdesign

Evaluationsinstrumente

Für die Kinder wurde ein Fragebogen zusammengestellt, der sich aus den folgenden Elementen zusammensetzt:

- SSK-Fragebogen für Kinder (Lohaus et al., 1996) mit den Skalen „Ausmaß des aktuellen Streßerlebens“, „Art und Umfang der eingesetzten Bewältigungsstrategien“ und „Ausmaß der aktuellen physischen Streßsymptomatik“,
- KINDL-Fragebogen zur gesundheitsbezogenen Lebensqualität von Kindern (Bullinger, von Mackensen & Kirchberger, 1994),
- Fragen zum Wissen über Streßsymptome und Streßbewältigungsstrategien und
- (nur in den Posttests) Fragen zur Bewertung des Trainings.

Der Fragebogen für die Eltern hat die folgenden Bestandteile:

- Fremdeinschätzung auf den SSK-Fragebogenskalen,
- Skala „Vegetative Labilität“ des HAVEL (Wagner, 1981) und
- (nur in den Posttests) Fragen zur Bewertung des Trainings.

Darüber hinaus wurde für die Trainingsleiter ein strukturierter Protokollbogen für die einzelnen Kurssitzungen entwickelt.

Ergebnisse

Im folgenden werden einige zentrale Ergebnisse zu den fünf Evaluationskriterien dargestellt. In die Auswertung gehen die Daten von 163 Kindern ein. Sieben Kinder, die nicht regelmäßig an den Kursen teilnahmen, wurden aus der Auswertung ausgeschlossen. Der Rücklauf der Elternfragebögen erreichte in der ersten postalischen Nachbefragung mit 135 Bögen eine Quote von 82.8%, in der zweiten Nachbefragung (Follow-up) mit 117 Bögen eine Quote von 71.8%.

Zur Auswertung möglicher Effekte wurden zweifache Varianzanalysen mit Meßwiederholung gerechnet, wodurch mögliche Vortestunterschiede berücksichtigt werden. Aufgrund des unvollständigen Designs erfolgten die Berechnungen für den Effekt der vier Trainingsvarianten und für den Effekt der Elternbeteiligung in getrennten Varianzanalysen.

(a) Differenziertere Wahrnehmung des eigenen Streßerlebens

Zur Prüfung der Frage einer differenzierteren Wahrnehmung des Streßerlebens wurde analysiert, ob die Kinder nach der Programmdurchführung einen größeren Umfang potentieller Streßmerkmale benennen können. Hierbei zeigt sich eine signifikante Interaktion zwischen den drei Meßzeitpunkten und den Trainingsvarianten ($p < .05$). Bezogen auf die Posttest-Befragung finden sich die stärksten Zuwächse im Problemlösetraining, gefolgt vom Wissenstraining, dem Kombinationstraining und dem Entspannungstraining. Diese Effekte bleiben in ähnlicher Weise auch längerfristig bestehen. Die Variation der Elternbeteiligung hat keinen Effekt.

(b) Verfügbarkeit eines breiteren Spektrums möglicher Streßbewältigungsstrategien

Bei der Analyse der von den Kindern vor und nach dem Training genannten potentiellen Streßbewältigungsstrategien zeigt sich ein signifikanter Interaktionseffekt zwischen den Meßzeitpunkten und den Trainingsvarianten ($p < .001$). Der Zuwachs des Kenntnisstandes ist in der Posttest-Befragung beim Wissenstraining am höchsten, gefolgt vom Kombinationstraining, dem Problemlösetraining und dem Entspannungstraining.

Über einen Zeitraum von sechs Monaten betrachtet verändert sich die Rangreihe, indem sich die Wissenszuwächse beim Kombinationstraining als besonders stabil erweisen, gefolgt vom Wissenstraining und den anderen beiden Trainingsvarianten. Hinsichtlich der Variation der Elternbeteiligung finden sich keine Effekte.

(c) Positive Veränderung im Streßerleben der Teilnehmer

Aufgrund der Trainingsteilnahme sollte das Streßerleben der Kinder abnehmen. Weiterhin sollte sich die Häufigkeit typischer Streßsymptome verringern und somit das körperliche und physische Wohlbefinden steigen. Auf der Skala „Ausmaß des aktuellen Streßerlebens“ des SSK-Fragebogens zeigen sich sowohl in den Kindereinschätzungen ($p < .001$) als auch in den Fremdeinschätzungen durch die Eltern ($p < .05$) signifikante Interaktionen zwischen den Meßzeitpunkten und den Trainingsvarianten. Bei den Kindereinschätzungen ergeben sich dabei die stärksten Verbesserungen beim Problemlösetraining, gefolgt vom Entspannungstraining, dem Kombinationstraining und dem Wissenstraining. In den Elterneinschätzungen finden sich ebenfalls die günstigsten Evaluationsergebnisse beim Problemlösetraining, gefolgt vom Kombinationstraining, vom Wissenstraining und dem Entspannungstraining. Die Einschätzungen sowohl der Kinder als auch der Eltern weisen auf eine weitere Zunahme der Verbesserungen in dem Zeitraum von der ersten Nachbefragung bis zur Follow-up-Befragung nach sechs Monaten hin, wobei sich hierbei keine wesentlichen Veränderungen zwischen den Trainingsvarianten ergeben.

Beim Ausmaß der aktuellen physischen Streßsymptomatik (SSK-Fragebogen) besteht ebenfalls ein signifikanter Interaktionseffekt ($p < .001$) zwischen den Meßzeitpunkten und den Trainingsvarianten. Die deutlichsten Verbesserungen zur Posttest-Befragung zeigen sich hier im Wissenstraining, gefolgt vom Kombinationstraining, dem Problemlösetraining und dem Entspannungstraining. Langfristig erweisen sich dabei die Veränderungen im Problemlösetraining als besonders stabil, während die Effekte über einen Zeitraum von sechs Monaten in den anderen Trainingsbedingungen geringer ausfallen. In den Fremdeinschätzungen durch die Eltern, erhoben mit der Skala zur psychovegetativen Labilität des HAVEL-Fragebogens, findet sich ebenfalls ein Interaktionseffekt ($p < .05$). Hier ergibt sich eine besonders positive (auch längerfristige) Entwicklung bei den Teilnehmern des

Problemlösetrainings, während das Entspannungstraining die ungünstigsten Veränderungswerte aufweist. Bei den Skalen des KINDL-Fragebogens finden sich keine Interaktionseffekte. Die Variation der Elternbeteiligung hat auf keiner der Skalen zum Streßerleben einen Effekt.

(d) Veränderung des Verhaltens in Belastungssituationen

Bei den von den Kindern eingesetzten Streßbewältigungsstrategien, gemessen mit der Skala „Art und Umfang der eingesetzten Bewältigungsstrategien" des SSK-Fragebogens, finden sich signifikante Interaktionseffekte ($p < .05$) in der Subskala „Emotionsregulierende Strategien". Diese Skala setzt sich aus Items zusammen, die überwiegend destruktive Streßbewältigungsstrategien umfassen (wie Dampf ablassen, aus Wut etwas zerstören etc.). Insgesamt läßt sich eine Abnahme des Einsatzes derartiger Strategien nach der Interventionsteilnahme registrieren, wobei die stärkste Abnahme im Problemlösetraining erfolgt, gefolgt vom Entspannungstraining, dem Kombinationstraining und dem Wissenstraining. Die Effekte bleiben längerfristig bestehen, wobei auch die Rangreihe zwischen den Trainingsvarianten erhalten bleibt.

Bei der Subskala „Problemlösendes Handeln" ergibt sich mit $p = .076$ tendenziell eine Interaktion zwischen den Trainingsvarianten und den Meßzeitpunkten. Obwohl unmittelbar nach dem Training bei fast allen Trainingsvarianten eine Abnahme des Einsatzes von Strategien zur aktiven Problemlösung zu verzeichnen ist, zeigen sich längerfristig in dem Zeitraum bis zur Follow-up-Befragung Zunahmen beim Problemlösetraining und beim Kombinationstraining, während in der Wissens- und in der Entspannungsbedingung keine bzw. nur geringfügige Zunahmen zu erkennen sind.

Bei der Subskala „Soziale Unterstützung" zeigen sich keine Interventionseffekte. Dies gilt ebenso für die Fremdeinschätzungen der Eltern auf den drei Subskalen zur Art und zum Umfang der eingesetzten Bewältigungsstrategien des SSK-Fragebogens. Auch bezüglich der Variation der Elternbeteiligung finden sich keine signifikanten Effekte.

(e) Bewertung der Trainings durch Kinder und Eltern

80% der Kinder geben an, die Teilnahme an den Trainings habe ihnen sehr viel oder viel Spaß gemacht. Übereinstimmend dazu sagen 70% der Eltern, ihr Kind habe selten oder nie geäußert, daß es keine Lust habe, an dem Interventionsprogramm teilzunehmen. Um eine Gesamteinschätzung der Trainingserfolge im Posttest unmittelbar nach Trainingsabschluß gebeten, urteilen 55% der Eltern, das Wohlbefinden ihrer Kinder sei viel besser oder eher besser geworden, 44% meinen, es sei gleich geblieben und 1% geben an, das Wohlbefinden ihrer Kinder habe sich eher verschlechtert. Darüber hinaus sehen 62% der Eltern eine Verbesserung ihrer Kinder im Umgang mit Streßsituationen, 1% eine Verschlechterung. Die Gesamteinschätzung der Trainingserfolge ist in der Follow-up-Befragung noch positiver: Hier geben 58% der Eltern an, daß das Wohlbefinden des Kindes nun eher besser oder viel besser ist. Verbesserungen ihres Kindes im Umgang mit Streßsituationen sehen nun 66% der Eltern.

Zusammenfassend gelangen 79% der Eltern zu dem Schluß, ihr Kind noch einmal an einem solchen Training teilnehmen zu lassen, wenn ihnen die Möglichkeit dazu gegeben würde, 3% würden ihr Kind nicht noch einmal teilnehmen lassen und 18% sind hier unentschlossen. Bei diesen Einschätzungen finden sich keine wesentlichen Unterschiede zwischen den Trainingsvarianten und hinsichtlich der Variation der Elternbeteiligung. Die einzige Ausnahme bezieht sich in der Follow-up-Erhebung auf einen Unterschied zwischen den Trainingsvarianten bei der Frage, wieviel Spaß die Intervention den Kindern gemacht hätte. Hier finden sich die günstigsten Bewertungen beim Problemlösetraining, gefolgt vom Kombinationstraining, dem Wissenstraining und dem Entspannungstraining.

Neben Wissensverbesserungen zu verschiedenen Aspekten des Streßgeschehens, die sich schon in der Evaluation des ursprünglich entwickelten Präventionsprogrammes zeigten, konnten in der Evaluationstudie II mit einem Posttest eine Woche nach Kursende auch positive Auswirkungen auf das aktuelle Streßerleben der Kinder nachgewiesen werden, wobei die Effekte auch längerfristig bestehen bleiben und sich teilweise sogar noch verstärken. Das Ausmaß der Effekte unterscheidet sich zwischen den realisierten Trainingsvarianten. Über die verschiedenen abhängigen Variablen hinweg zeigen dabei das Problemlösetraining und das Kombinationstraining die deutlichsten Effekte, gefolgt vom Wissenstraining. Die Veränderungen beim Entspannungstraining sind insgesamt am wenigsten deutlich ausgeprägt.

Die positiven Effekte des Problemlöse- und des Kombinationstrainings können auf die Schwerpunktsetzung dieser Trainingsvarianten zurückgeführt werden. Die Erprobung und Bewertung neuer Streßbewältigungsstrategien in Rollenspielen und verhaltensbezogenen Hausaufgaben könnte sich schon recht kurzfristig in einem verbesserten Umgang mit streßauslösenden Situationen zeigen, da die damit einhergehenden Veränderungen von den Kindern unmittelbar erlebt werden können und auch das soziale Umfeld unmittelbar involviert wird (beispielsweise durch die Mitteilung eigenen Streßerlebens an die Eltern oder Lehrer, die dadurch ihrerseits zu Verhaltensänderungen veranlaßt werden können). Dadurch, daß möglicherweise auch das soziale Umfeld aktiv an den Veränderungsprozessen beteiligt wird, kann zu einer Stabilisierung und Ausweitung positiver Trainingseffekte beigetragen werden.

Die Einbindung der Eltern in das Präventionsprogramm führt zwar zu keinen meßbaren Effekten, wird jedoch von vielen Eltern gewünscht. Der Kontakt des Trainingsleiters mit den Eltern bietet darüber hinaus die Möglichkeit, das Streßerleben des Kindes auch aus dem familiären Kontext heraus zu betrachten und den Eltern weitere Hilfsangebote anzubieten, wenn in Einzelfällen die Teilnahme an einem Streßpräventionsprogramm für unzureichend erachtet wird.

Die Bewertung der Kurse durch Eltern und Kinder zeigt, daß die Streßpräventionsprogramme, obwohl sie in der Freizeit stattfinden, keine zusätzliche Belastung für die Kinder darstellen, da sie zusammenfassend sehr positiv von den Kindern eingeschätzt werden. Gleichzeitig werden die Effekte von den Eltern als so positiv eingeschätzt, daß sie bereit wären, ihre Kinder erneut an einem gleichartigen Interventionsprogramm teilnehmen zu lassen.

2. Wirksamkeit von Entspannungsverfahren bei Kindern

Bemerkenswert sind die insgesamt enttäuschenden Evaluationsergebnisse für die Entspannungsvariante des Streßbewältigungstrainings, da die Fähigkeit, sich zu entspannen, lange Zeit als zentrale Streßbewältigungsstrategie angesehen wurde. Während die Wirkung von Entspannungstechniken in der klinischen Anwendung hinreichend belegt ist (einen Überblick hierzu gibt Noeker, 1996), konnte ein deutlicher Effekt in der Streßprävention nicht nachgewiesen werden.

Zu diesen Befunden lassen sich mehrere mögliche Ursachen vermuten. So könnte eine Fokussierung der Kinder auf Entspannung als Streßbewältigungsstrategie den Blick der Kinder auf instrumentelle Streßbewältigungsmöglichkeiten verstellen und sie somit an einer situationsangemessenen Streßbewältigung hindern. Möglich ist aber auch, daß die Progressive Muskelrelaxation als körperorientiertes Verfahren die Wahrnehmung der Kinder für körperliche Symptome sensibilisiert hat und sich damit das Antwortverhalten zwischen den Meßzeitpunkten änderte, nicht aber die tatsächliche Auftretenshäufigkeit körperlicher Symptome.

Ob andere Entspannungsverfahren die gleichen Wirkungen gezeigt hätten, kann wegen der Beschränkung auf die Progressive Muskelrelaxation nicht abgeleitet werden. Aufgrund eines unbefriedigenden Forschungsstandes zur vergleichenden Evaluation unterschiedlicher Entspannungsverfahren für Kinder (vgl. Krampen, 1995), wurde in einer weiteren eigenen Studie

(Evaluationsstudie III) der Frage nach dem Nutzen von Entspannungsverfahren für Kinder nachgegangen (Klein-Heßling & Lohaus, 1999; Lohaus & Klein Heßling, im Druck).

Zur Überprüfung der Wirkungen von Entspannungsverfahren im Rahmen der Primärprävention nahmen 721 Schülerinnen und Schüler der Klassen drei bis sechs aus Bochumer und Dortmunder Schulen in Kleingruppen von jeweils vier bis sechs Kindern an einem Entspannungstraining im Umfang von fünf Sitzungen teil. Als Entspannungstrainings wurden (a) ein sensorisches, (b) ein imaginatives und (c) ein kombiniertes Entspannungsverfahren eingesetzt. Damit sollten die grundlegenden Ansätze zur Verbesserung der Entspannungsfähigkeit von Kindern, die Progressive Muskelrelaxation, Phantasiegeschichten und das Autogene Training für Kinder (eine Übersicht geben Petermann und Petermann, 1993) berücksichtigt sein. In einer Kontrollbedingung hörten die Kinder neutrale Geschichten, die weder Spannung noch Entspannung induzieren sollten.

Zur Erhebung der Wirkung der Entspannungstrainings wurden sowohl Selbsteinschätzungen der Kinder (Stimmung und körperliche Befindlichkeit) als auch physiologische Parameter (Blutdruck, Puls und Körpertemperatur) erfaßt. Neben diesen unmittelbar nach einer Entspannungsübung zu erwartenden Effekten sollten mit dem Einsatz des SSK-Fragebogens Auswirkungen der Trainings auf das Streßerleben, das Streßbewältigungsverhalten und die Streßsymptomatik der Kinder erhoben werden.

Als Ergebnis zeigten sich insbesondere kurzfristige Effekte (Lohaus & Klein-Heßling, im Druck). So konnten erwartungskonform eine Senkung des systolischen Blutdruckes und der Pulsfrequenz sowie Verbesserungen der Stimmung und der körperlichen Befindlichkeit nachgewiesen werden. Dabei gab es kaum Unterschiede zwischen den systematischen Entspannungsverfahren und der Kontrollbedingung mit neutralen Geschichten.

Änderungen des Streßerlebens und des Streßbewältigungsverhaltens waren mit der Teilnahme an einem der Trainings nicht verbunden. Es gab jedoch Hinweise auf eine mögliche differentielle Indikation bei Phantasiegeschichten. Ältere Kinder profitieren von dieser Technik stärker als jüngere Kinder und ängstliche Kinder stärker als wenig ängstliche Kinder. Und schließlich war schon während eines Trainingsumfanges von fünf Sitzungen ein Nachlassen der Teilnahmemotivation der Kinder meßbar.

Eine Auswertung von Beobachtungsprotokollen brachte darüber hinaus Hinweise über Zusammenhänge zwischen dem Verhalten der Kinder während der Entspannungsübungen und den Entspannungswirkungen (Klein-Heßling & Lohaus, 1999). Dabei war bei Teilnehmern des kombinierten und des imaginativen Entspannungsverfahrens seltener Unruhe- und Störverhalten zu beobachten als bei den Kindern in den anderen Untersuchungsvarianten. Wenn sich Kinder unruhig oder störend verhielten, reduzierte dies ihre selbst wahrgenommenen Entspannungswirkungen, während sich auf der physiologischen Ebene dennoch eine Entspannungsreaktion zeigte. Umgekehrt wurde das selbstberichtete Entspannungserleben ruhiger Kinder in Gruppen mit viel Unruhe- und Störverhalten durch das Verhalten der anderen nicht beeinträchtigt. Die physiologischen Entspannungsreaktionen fielen bei diesen Kindern jedoch schwächer aus als bei ruhigen Kindern in ruhigen Gruppen.

Zusammenfassend zeigen die Ergebnisse, daß bei Kindern mit unterschiedlichen Verfahren - auch mit unsystematischen Verfahren wie neutralen Geschichten - Entspannungsreaktionen erzeugt werden können. Selbst wenn dabei in einer Gruppe etwas Unruhe auftritt, beeinträchtigt dies die Wirkungen nicht maßgeblich. Die Entspannungswirkungen sind in der Regel als kurzfristige Wirkungen zu charakterisieren und reichen dabei nicht über die unmittelbare Trainingssitzung hinaus. Längerfristige Wirkungen sind dagegen offenbar weit schwerer zu erzielen.

Ob und in welcher Weise sich systematische Entspannungsverfahren eignen, von Kindern zur Streßbewältigung eingesetzt zu werden (mit dem Ziel längerfristige Effekte zu erzielen), wird derzeit in einer weiteren Studie geprüft, in der Kinder intensiver im Umgang mit Entspannungstechniken geschult werden.

3. Konsequenzen aus den Evaluationsstudien

Aus den Ergebnissen der dargestellten Evaluationsstudien wurden zusammenfassend die folgenden Schlußfolgerungen gezogen: Als endgültige und künftig weiter zu verwendende Trainingsvariante wurde das Kombinationstraining gewählt, wobei auf der Basis der Ergebnisse aus der Evaluationstudie II die Problemlöseanteile erweitert und die Entspannungsanteile verringert wurden. Auf die Entspannungsanteile sollte nicht vollständig verzichtet werden, da einzelne Kinder durchaus von einem Entspannungsverfahren profitieren könnten und Entspannung weiterhin in einzelnen Situationen die Streßbewältigungsstrategie der Wahl darstellen kann. Dies war der wesentliche Grund dafür, das Kombinationstraining und nicht das Problemlösetraining zur Weiterführung auszuwählen, wobei bewährte Teile des Problemlösetrainings zulasten von Entspannungsanteilen in das Kombinationstraining übernommen wurden.

Obwohl deutliche Effekte nicht erkennbar waren, wurde die Elternbeteiligung beibehalten, da sie einerseits von den Eltern (vor allem in den Interventionen ohne Elternbeteiligung) häufig gewünscht wurde und da sie andererseits die Möglichkeit für Gespräche zwischen Trainingsleiter und Eltern eröffnet. Weiterhin ist sicherlich eine unterstützende Wirkung bei einzelnen Kindern zu vermuten (wie auch verschiedenen Einzelrückmeldungen seitens der Eltern zu entnehmen ist). Um den Evaluationsergebnissen Rechnung zu tragen, wurde jedoch eine Reduktion von drei auf zwei begleitende Elternabende vorgenommen, die am Anfang und Ende des Interventionsprogrammes stattfinden. Zusätzlich ist (wie schon in der Evaluationsstudie II) ein Elterninformationsabend vorgesehen, an dem die Eltern über die Ziele und Inhalte des Interventionsprogrammes informiert werden und über die Teilnahme ihres Kindes entscheiden können.

An einzelnen Punkten wurden aufgrund der Erfahrungen der Trainingsleiter bei der Interventionsdurchführung Veränderungen vorgenommen. Hier dienten vor allem die Protokolle der Trainingsleiter als Basis. In die abschließende Interventionsvariante wurden nur Programmelemente übernommen, die sich zuvor in der Evaluationsstudie II bewährt hatten.

Der Fragebogen zur Erhebung von Streßerleben und Streßbewältigung im Kindesalter (SSK) von Lohaus et al. (1996) hat sich als ein hinreichend sensibles Meßinstrument erwiesen, um Veränderungen der Streßbelastung von Kindern zu erfassen. Er wird daher als geeignetes Instrument zur Effektkontrolle im Rahmen zukünftiger Trainings empfohlen. Damit steht dem Programmleiter ein Mittel zur Verfügung, durch eine Befragung am Anfang und am Ende des Trainings selbst eine Effektkontrolle durchzuführen und damit zur weiteren Qualitätssicherung beizutragen.

Das nachfolgend beschriebene Interventionsprogramm enthält die Programmelemente, die sich als Resultat des Evaluationsprozesses als besonders geeignet zur Weiterführung erwiesen haben und von denen eine hohe Wirksamkeit sowohl in primär- als auch in sekundärpräventiven Anwendungen vermutet werden kann. Für die am Entstehungshintergrund des Trainings oder an weiteren Informationen zur Evaluation interessierten Leser sei auf Klein-Heßling (1997) verwiesen.

Kapitel 4: Veranstaltungen für Eltern

Dieses Kapitel beschreibt die Veranstaltungen für Eltern. Vor Beginn des Kindertrainings findet eine Elterninformation statt, in der über Zielsetzung, Trainingsgestaltung, sowie Indikations- und Kontraindikationskriterien des Streßbewältigungstrainings informiert wird. Im Anschluß können interessierte Eltern ihre Kinder zu dem Training anmelden.

Das Streßbewältigungstraining für Kinder wird von zwei Elternabenden begleitet, einem Elternabend zu Beginn des Trainings und einem Elternabend am Ende des Trainings. Da Eltern einen entscheidenden Einfluß auf das Streßerleben ihrer Kinder haben, werden dort Möglichkeiten vorgestellt und diskutiert, wie Eltern zu einer Verringerung der Streßbelastung ihrer Kinder beitragen können.

Ablauf

- Einleitung
- Hintergründe zum Training
- Einflußmöglichkeiten von Eltern
- Vorstellung des Trainings
- Offene Fragen
- Möglichkeit der Anmeldung

1. Elterninformationsveranstaltung

Da die Entscheidung über die Teilnahme an einem Streßbewältigungstraining für Kinder im Grundschulalter zunächst einmal von den Eltern getroffen werden dürfte, geht dem Training eine Informationsveranstaltung für Eltern voraus. Ziel ist es, daß Eltern genügend Informationen erhalten, um über eine Teilnahme ihres Kindes zu entscheiden und ihre Kinder auf das Training vorzubereiten.

• Einleitung

Beschreibung: Der Trainingsleiter begrüßt die Eltern und stellt sich vor. Dann gibt er einen Überblick über den geplanten Ablauf der Informationsveranstaltung.

• Hintergründe zum Training

Beschreibung: Der Trainingsleiter stellt die Problemlage zu Streß bei Kindern dar: Es werden typische Streßsituationen, Streßsymptome (siehe Folie 1) und Streßbewältigungsstrategien von Kindern vorgestellt, wobei die Subjektivität und individuelle Unterschiedlichkeit des Streßerlebens von Kindern betont wird.

Eine Grundlage bilden die Informationen des zweiten Kapitels dieses Manuals. Sie sollten in vereinfachter, dem Laien verständlicher Weise referiert werden. Aus der Vorstellung der Problemlage sollte die Notwendigkeit frühzeitiger Streßprävention deutlich werden.

• Einflußmöglichkeiten von Eltern

Beschreibung: Es werden einige Anregungen gegeben, wie Eltern zu einer Verringerung der Streßbelastung ihrer Kinder beitragen können (siehe Folie 2). Dadurch soll zum einen deutlich gemacht werden, daß das Ziel dieses Trainings nicht darin besteht, ausschließlich die Kinder selbst für ihr Streßerleben und ihre Streßbewältigung verantwortlich zu machen. Zum anderen werden vielleicht nicht alle Eltern an den folgenden Elternabenden teilnehmen können (z.B. aus Termingründen oder weil die Kinder nicht zur Zielgruppe gehören). Auch ihnen sollten einige Anregungen gegeben werden.

• Vorstellung des Trainings

Beschreibung: Die Trainingsziele und die Zielgruppe, die Trainingsinhalte und organisatorische Details werden vorgestellt. Im Anschluß wird die Trainingsevaluation mit den wichtigsten Ergebnissen kurz beschrieben. Offene Fragen sollten erst danach besprochen werden.

- Trainingsziele und Zielgruppe:
  siehe Folien 3 und 4 sowie Kapitel 3
- Trainingsbeschreibung:
  Gruppengrößen, Dauer des Trainings, Zeit und Raum der Trainingsdurchführung, Inhalte des Trainings (siehe Folie 5)
- Evaluationsergebnisse: siehe Folie 6

• Offene Fragen

Beschreibung: Es sollte genügend Zeit zur Klärung offener Fragen eingeplant werden. Darüber hinaus sollte den Eltern im Anschluß an die Informationsveranstaltung die Möglichkeit zu einem persönlichen Gespräch mit dem Trainingsleiter gegeben werden.

• Möglichkeit zur Anmeldung

Beschreibung: Die Eltern haben am Ende der Veranstaltung die Möglichkeit, ihr Kind zu dem Training anzumelden. Die Anmeldung sollte aber auch später erfolgen können, wenn Eltern sich zuvor mit ihrem Kind besprechen möchten.

2. Erster Elternabend

Schwerpunkte des ersten Elternabends sind das gegenseitige Kennenlernen und eine Einführung in das Thema Streß. Neben den beschriebenen Sitzungsinhalten sollte den Eltern möglichst viel Raum zum Erfahrungsaustausch gegeben werden. Darüber hinaus sollte genügend Zeit sein, um mögliche Probleme der Kindersitzungen zu besprechen.

• Begrüßung der Eltern und Kennenlernen

Ziele:
- Eltern und Trainingsleiter lernen sich kennen
- Der Trainingsleiter erfährt die Teilnahmemotive der Eltern

Dauer: 30 Minuten

Material: Keines

Beschreibung: Nach der Begrüßung wird eine Vorstellungsrunde durchgeführt. Dabei nennen die Eltern auch den Grund für die Teilnahme an dem Streßbewältigungstraining und die Erwartungen und Befürchtungen, die sie mit diesem Training verbinden.

• Streß: „Was ist das eigentlich?"

Ziele:
- Die Eltern kennen die Grundidee des transaktionalen Streßansatzes

Dauer: 20 Minuten

Material: Keines

Beschreibung: Den Eltern werden die Grundideen des transaktionalen Streßansatzes vorgestellt. Dazu wird zunächst ein Brainstorming durchgeführt. Die Eltern nennen alles, was ihnen zu dem Begriff „Streß" einfällt. Danach differenziert der Trainingsleiter zwischen: (a) Streßauslösern = all die Situationen, in deren Folge Streß erlebt wird (z.B. das Zurückbekommen einer Klassenarbeit, ...) und (b) Streßreaktionen = all die Gefühle und Verhaltensweisen, die bei Streß auftreten (z.B. Angst, Übelkeit, ...). An einem Beispiel (wie „Ankündigung einer Klassenarbeit") wird verdeutlicht, daß verschiedene Kinder auf die gleichen Streßsituationen sehr unterschiedlich reagieren können und daher nicht nur die Anforderungssituation für Streßerleben verantwortlich ist. Aus diesen Überlegungen heraus wird die Bedeutung der Bewertung einer Situation und die Rolle der Streßbewältigungsstrategien im Streßprozeß erläutert und an Beispielen veranschaulicht. An die Grundideen des transaktionalen Streßansatzes anknüpfend werden die Trainingsziele vorgestellt, wobei auf die von den Eltern geäußerten Erwartungen und Befürchtungen Bezug genommen wird.

• Erläuterung der „Streßwaage"

Ziele:
- Die Eltern kennen das Streßmodell des Kindertrainings

Dauer: 30 Minuten

Material: Streßwaage, Karteikarten

Beschreibung: Den Eltern wird das Streßmodell des Kindertrainings (s. Abschnitt 6.1) vorgestellt. Zur Veranschaulichung sammeln die Eltern in Kleingruppen Streßsituationen, Streßbewältigungsstrategien und Streßreaktionen (von Kindern und Erwachsenen), notieren diese auf Karten und heften sie an die entsprechende Stelle der Streßwaage.

• Vorstellung der Inhalte des Kindertrainings

Ziele:
- Die Eltern kennen die Inhalte des Kindertrainings

Dauer: 10 Minuten

Material: Folie 5

Beschreibung: Den Eltern werden anhand von Folie 5 die Inhalte der Doppelstunden des Kindertrainings und ihre zeitliche Abfolge vorgestellt. Dabei wird insbesondere die Progressive Muskelrelaxation besprochen. Sollte es zeitlich möglich sein, wird eine gemeinsame Entspannungsübung durchgeführt (siehe hierzu die Entspannungsinstruktion der ersten Doppelstunde des Kindertrainings). Es werden Möglichkeiten diskutiert, wie die Eltern ihre Kinder zum Üben motivieren können. Es sollte allerdings deutlich werden, daß es immer Kinder gibt, denen die Entspannung nicht gefällt. Auf diese Kinder sollte kein Druck ausgeübt werden, die Progressive Muskelentspannung zu üben.

3. Zweiter Elternabend

Der zweite Elternabend beginnt mit einem Austausch von Beobachtungen aus den vergangenen Wochen. Schwerpunkt dieses Elternabends ist das Besprechen von Unterstützungsmöglichkeiten bei der Erprobung der Streßbewältigungsstrategien im Alltag. Es sollte darüber hinaus genügend Zeit für Rückmeldungen zum Training vorgesehen werden.

• Rückblick und Erfahrungsaustausch

Ziele:
- Die Eltern haben Gelegenheit zum Erfahrungsaustausch

Dauer: 20 Minuten

Material: Keines

Beschreibung: Die Themen des letzten Elternabends werden kurz zusammengefaßt und es werden Beobachtungen gesammelt, die die Eltern in den letzten Wochen bei ihren Kindern oder bei sich selbst gemacht haben. So ist zu erwarten, daß Eltern nach den Informationen des ersten Elternabends Zusammenhänge zwischen bestimmten Situationen und Reaktionen der Kinder identifiziert haben, aus denen sich Hinweise für konkrete Problemlösungen ableiten lassen. Auch kann es vorkommen, daß Eltern durch die Teilnahme ihres Kindes an dem Training über ihr eigenes Streßerleben und Streßbewältigungsverhalten nachgedacht haben und darüber sprechen wollen.

• Einsatz von Bewältigungsstrategien

Ziele:
- Die Eltern kennen die vier Bewältigungsschwerpunkte des Trainings
- Die Eltern kennen Situationen, in denen der Einsatz dieser Strategien hilfreich sein kann
- Die Eltern kennen Möglichkeiten, ihre Kinder beim Einsatz dieser Strategien zu unterstützen

Dauer: 40 Minuten

Material: Keines

Beschreibung: Den Eltern werden die Strategieschwerpunkte „Sich über eigenes Streßerleben mitteilen", „Ruhepausen", „Spielen/Spaß haben" und „Positive Selbstinstruktion" mit den entsprechenden Trainingsinhalten kurz erläutert. Einzelne Trainingselemente (wie z.B. die Atemübungen, die Progressive Muskelrelaxation oder der „Ich bin stolz" - Rundblitz) können dabei gemeinsam mit den Eltern durchgeführt werden. Zu den einzelnen Strategien sollen jeweils die folgenden Fragen beantwortet werden:

- Welche Beobachtungen haben die Eltern bisher zum Einsatz dieser Strategie machen können?

- In welchen Belastungssituationen könnte der Einsatz dieser Strategie sinnvoll sein?

- Welche Möglichkeiten haben Eltern, ihre Kinder beim Einsatz dieser Strategie zu unterstützen?

Zum Einsatz von Bewältigungsstrategien soll deutlich werden, daß die Strategien von den Kindern in ganz unterschiedlicher Weise genutzt oder einzelne Strategien von manchen Kindern auch abgelehnt werden. Keinesfalls sollten Kinder von Ihren Eltern gedrängt werden, bestimmte Strategien einzuüben.

• Rückmeldung und offene Fragen

Ziele:
- Die Eltern erhalten und geben Rückmeldungen zum Streßbewältigungstraining
- Offene Fragen werden geklärt

Dauer: 30 Minuten

Material: Keines

Beschreibung: Den Eltern wird ein Rückblick über das Training gegeben, und sie erhalten vom Trainingsleiter eine Rückmeldung zum Trainingsgeschehen. Danach können die Eltern bewerten, inwieweit sich ihre Erwartungen erfüllt haben und in welchen Bereichen sie weiteren Handlungsbedarf sehen. Den Eltern sollten (soweit erforderlich) weitere Hilfsangebote und Unterstützungsmöglichkeiten gegeben werden (z.B. Hinweise auf örtliche Beratungsstellen oder auf Streßbewältigungskurse für Erwachsene). Auch auf einige Elternratgeber, die sich mit der Thematik der Streßbewältigung im Kindesalter befassen, kann in diesem Zusammenhang hingewiesen werden (z.B. Dörner, Nebel & Redlich, 1995; Elkind, 1995; Friedrich & Friebel, 1993; Lohaus & Klein-Heßling, 1999; Müller, 1995).

Kapitel 5: Sitzungen des Kindertrainings

In diesem Kapitel werden die Trainingselemente der acht Doppelstunden des Kindertrainings beschrieben.

Bei der Gestaltung der Doppelstunden ist darauf zu achten, daß der Streßbewältigungskurs von den Kindern nicht als zusätzlicher Unterricht betrachtet wird. Die Doppelstunden sollten den Kindern Spaß machen, und sie sollten sich in der Gruppe wohl fühlen. Daher werden die Trainingselemente zum Thema Streß immer durch Spiele ergänzt. Neben den hier aufgeführten Spielen finden sich im Anschluß an die Darstellung der Trainingssitzungen weitere Spiele. Der Trainingsleiter und die Kinder können natürlich auch eigene Spiele einbringen.

Die Spiele und Übungen sollten nach der aktuellen Befindlichkeit der Gruppe ausgewählt werden, damit ein ausgewogenes Verhältnis zwischen Phasen der Konzentration, Entspannung, Bewegung und Auflockerung entsteht. Daher ist die Reihenfolge der Trainingselemente, so wie sie im folgenden aufgeführt sind, nur ein Gestaltungsvorschlag und nicht obligatorisch.

Der angegebene Zeitbedarf dürfte in den einzelnen Kursen von der Motivations- und Interessenlage der Kinder abhängen. Daher werden im Anschluß einige Zusatzübungen vorgestellt, die eingesetzt werden können, wenn mit dem vorgeschlagenen Sitzungsplan keine 90 Minuten ausgefüllt werden. Zu diesem Zweck können auch andere Spiele eingesetzt werden und Auflockerungsübungen wiederholt werden, die die Kinder bereits aus vorangegangenen Sitzungen kennen.

Auch die Häufigkeit der Durchführung von Entspannungsübungen dürfte in Abhängigkeit von der Zusammensetzung der Kindergruppe stark variieren. Hier ist es dem Trainingsleiter überlassen, bei Bedarf häufiger oder seltener Entspannungsübungen zu instruieren. Einige Trainingselemente beziehen sich auf den Einsatz der Entspannungskassette.

Neben einer Beschreibung der aufgeführten Trainingsbestandteile findet sich als Hilfe eine exemplarische Instruktion.

Umgang mit schwierigen Situationen

Bei Gruppengrößen von 8 bis 12 Kindern sollte damit gerechnet werden, daß der vorgesehene Trainingsablauf durch Unruhe oder störende bzw. sich streitende Kinder beeinträchtigt wird. Dies kann darauf zurückgeführt werden, daß sich die Kinder (und der Trainingsleiter) noch relativ fremd sind. Darüber hinaus werden viele Kinder gerade wegen bestimmter Streßsymptome wie Unruhe, Nervosität, Aggressivität an diesem Training teilnehmen.

Um allzu große Unruhe während der Sitzungen zu vermeiden, sollten die Phasen der Konzentration daher nicht zu lange dauern und rechtzeitig durch Auflockerungsspiele unterbrochen werden.

Es hat sich darüber hinaus bewährt, zu Beginn des Trainings mit den Kindern einige Verhaltensregeln zu vereinbaren, auf die sich der Trainingsleiter oder die Kinder gegebenenfalls beziehen können. Auch entspricht es ganz der Zielsetzung dieses Trainings, wenn der Trainingsleiter eigenes Streßerleben (z.B. wegen starker Unruhe, Handgreiflichkeiten unter den Kindern) thematisiert. Von der Möglichkeit, einzelne Kinder von der Gruppe auszuschließen, sollte erst zu allerletzt Gebrauch gemacht werden.

Weitere Probleme könnten sich ergeben, wenn Kinder im Lesen und Schreiben unsicher sind. Der Trainingsleiter sollte dies aufmerksam beobachten und gegebenenfalls die Texte von Arbeitsblättern selbst vorlesen oder Arbeitsblätter für einzelne Kinder in Interviewform bearbeiten und die Antworten selbst eintragen.

1. Erste Doppelstunde

Die Schwerpunkte der ersten Doppelstunde liegen im gegenseitigen Kennenlernen und der Schaffung einer vertrauensvollen Atmosphäre. Dabei findet eine erste Einführung in das Thema Streß statt. Weitere Inhalte bilden die Einführung in die Progressive Muskelrelaxation und die Positive Selbstinstruktion als neue Streßbewältigungsstrategien.

• Begrüßung der Kinder

Dauer: 5 Minuten

„Wir werden uns an acht Nachmittagen treffen, um gemeinsam etwas gegen Streß zu tun. Dabei wollen wir herausfinden, was Streß ist, und was man alles tun kann, um sich wieder wohl zu fühlen. Dazu habe ich für Euch Spiele und Übungen vorbereitet. Da sich die meisten von uns noch fremd sind, wollen wir uns zunächst aber erst einmal gegenseitig kennenlernen. Dazu habe ich ein Spiel vorbereitet."

• Das Wollknäuel

Ziele: • Die Kinder und der Trainingsleiter lernen sich kennen

Dauer: 15 Minuten

Material: 1 Wollknäuel, Namensschildchen (z.B. beschriftetes Kreppband)

Beschreibung: Die Gruppe sitzt in einem Stuhlkreis. Der Trainingsleiter hält ein Wollknäuel in der Hand und beginnt, etwas von sich zu erzählen (z.B. Name und Wohnort). Dann wirft er das Knäuel einem Kind zu, das sich ebenfalls vorstellt, wobei der Trainingsleiter ein Ende des Knäuels festhält. So geht es eine Zeit lang weiter, bis ein Wollnetz zwischen den Teilnehmern gesponnen ist. Danach wird umgekehrt vorgegangen, um das Geflecht wieder zu entflechten. Das jeweils letzte Kind wirft das Knäuel an das vorletzte zurück, wobei es dessen Namen nennt und erzählt, was es von ihm behalten hat.

„Ich habe hier ein Wollknäuel in der Hand und das wird uns dabei helfen, daß wir uns besser kennenlernen. Ich halte ein Ende fest in der Hand und werfe das Knäuel gleich einem Kind zu, das dann sagt, wie es heißt und wo es wohnt. Wenn es das gesagt hat, hält es ein Stück vom Wollfaden fest und wirft das Knäuel einem anderen Kind zu, das dann auch etwas von sich erzählt. Ich fange jetzt an: Ich bin ..."

Wenn jedes Kind einmal (oder mehrmals) an der Reihe war:

„Jetzt ist schon ein richtiges Netz entstanden und wir versuchen jetzt, das Netz wieder zu entflechten: Jeder wirft das Wollknäuel wieder seinem Vorgänger zu, wobei er dessen Namen nennt und versucht, sich an möglichst viel von dem zu erinnern, was der Vorgänger gesagt hat."

Im Anschluß Austeilen der Namensschilder:

„Da wir uns die Namen bestimmt noch nicht sofort merken können, habe ich für jeden von uns ein Namensschildchen mitgebracht, das sich nun jeder anheften kann."

• Brainstorming „Streß"

Ziele: • Reflektieren des Wissens über Streß

Dauer: 10 Minuten

Material: Karteikarten

Beschreibung: Den Kindern werden zunächst die Regeln des Brainstorming, hier „Gedankensturm", erklärt: Die Kinder nennen alles, was ihnen zu dem Wort „Streß" einfällt. Dabei darf jedes Kind das sagen, woran es dabei gerade denkt. Die Wortmeldungen werden nicht kommentiert. Alle Wortmeldungen werden auf Karten notiert.

> „In den nächsten acht Wochen treffen wir uns einmal in der Woche, um uns mit Streß zu beschäftigen. Wir werden herausfinden, wann man Streß haben kann und wie man merkt, ob man Streß hat. Außerdem werdet Ihr lernen, was Ihr tun könnt, um weniger Streß zu haben, so daß Ihr Euch wohler fühlt. Dazu muß man zunächst einmal wissen, was Streß überhaupt ist. Wir machen jetzt einen ‚Gedankensturm' zu dem Wort Streß. Jeder darf das sagen, was ihm bei dem Wort Streß alles in den Kopf kommt. Ich schreibe das dann auf eine Karte. Wer möchte anfangen?"

• Abmachen von „Kursregeln"

Ziele:
- Es gibt Verhaltensregeln, die eine für alle angenehme Atmosphäre begünstigen und auf die sich der Trainingsleiter und auch die Kinder bei Bedarf berufen können

Dauer: 10 Minuten

Material: Papierbogen

Beschreibung: Zusammen mit den Kindern werden einige Regeln gesammelt und notiert, die ein „friedliches Miteinander" gewährleisten. Die Regeln sollten, soweit möglich, positiv formuliert werden. Sie werden auf einem Papierbogen/ Poster festgehalten und für alle sichtbar aufgehängt.

> „Wenn so viele Kinder und Erwachsene - wie wir hier - zusammen etwas machen, gibt es manchmal Probleme: es gibt Streit oder alle reden durcheinander. Deshalb brauchen wir einige Regeln, die wir abmachen und an die wir uns dann halten. Wer kennt eine Regel, die für uns wichtig sein kann?"
>
> Regeln auf Papierbogen notieren und an eine Wand hängen.

• Vorstellung der Streßwaage

Ziele:
- Die Kinder kennen ein anschauliches Modell, in das sie die verschiedenen Parameter des Streßgeschehens einordnen können
- Trainingsleiter und Teilnehmer verfügen über ein gemeinsames Streßmodell

Dauer: 15 Minuten

Material: Streßwaage, Karteikarten aus dem Brainstorming, Teilnehmerheft

Beschreibung: Um die Prozesse des Streßgeschehens für Grundschüler angemessen zu veranschaulichen, wird das Modell einer Waage (Dirks et al., 1994; s. Abbildung 5) verwendet. In das Modell werden im Laufe des Trainings Situationen, die von den Kindern als bedrohlich oder schädlich wahrgenommen werden, sowie Strategien und Ressourcen für die Bewältigung von Streßsituationen eingeordnet.

Durch die Bewegung eines Zeigers lassen sich Streßreaktionen und ein ausgewogener, „streßfreier" Zustand abbilden. Der Zeiger der Waage deutet auf mögliche Empfindungen von „Zufrieden sein" und „Streß haben". Der dritte Zustand, den man als „Unterforderung" bzw. Langeweile bezeichnen könnte, wird aus Gründen der Vereinfachung ausgespart. Natürlich stellt auch Unterforderung u.U. eine neue Belastung dar, die als Streß erlebt werden kann.

„Euch sind ja schon eine ganze Reihe von Dingen eingefallen, die etwas mit Streß zu tun haben. Um all das und das, was wir in den nächsten Wochen machen, zu sammeln, benutzen wir die ‚Streßwaage'. Alles, was mit Streß zu tun hat, hängt nämlich so zusammen wie bei einer Waage: Es gibt bestimmte Erlebnisse oder Ereignisse, bei denen man Streß hat. Dafür ist die linke Waagschale da"

Die linke Waagschale zeigen!

„Auf der anderen Seite gibt es aber auch eine Reihe von Dingen, die man machen kann, um weniger Streß zu haben. Dafür ist die rechte Waagschale da."

Die rechte Waagschale zeigen!

„Hat man nun ein Erlebnis, bei dem man sich nicht wohl fühlt und man weiß nicht, was man dagegen machen kann, oder das, was man macht, reicht nicht aus, um sich wohler zu fühlen, dann hängt die linke Waagschale herunter.

Jetzt habe ich ja vorhin schon eine ganze Menge Dinge, die Euch im ‚Gedankensturm' zu Streß eingefallen sind, auf diese Karteikarten geschrieben. Jeder von Euch erhält jetzt einige Karten."

Karteikarten verteilen!

„Schaut Euch die Karten genau an, und überlegt, auf welchen Karten etwas steht, weshalb Kinder Streß haben können, welche Karten davon also in die linke Waagschale gehören.

Wer hat Karten gefunden, die in die linke Waagschale passen?"

Wenn es keinen Widerspruch aus der Runde gibt, kann das Kind die Karte dort anheften. Wenn nicht alle damit einverstanden sind, wird die Karte zurückgelegt. Anschließend:

„In die rechte Waagschale kommen all die Dinge hinein, die man tun kann, um sich bei Streß wieder wohler zu fühlen. Macht man erfolgreich etwas gegen Streß, dann sind die Waagschalen im ‚Gleichgewicht', die beiden Waagschalen hängen nebeneinander. Nun schaut bitte nach, welche Karten aus dem ‚Gedankensturm' dort in die rechte Waagschale passen.

Wer hat Karten gefunden, die in die rechte Waagschale passen?"

Wenn es keinen Widerspruch aus der Runde gibt, kann das Kind die Karte dort anheften. Wenn nicht alle damit einverstanden ist, wird die Karte zurückgelegt.

„Diese Waage kann man natürlich normalerweise nicht sehen. Damit man aber weiß, wie die Waagschalen im Augenblick gerade hängen, ist an der Waage ein Zeiger: Hängt die linke Schale herunter, dann fühlt man sich nicht gut, der Zeiger steht auf ‚Streß'. Wir wollen in Zukunft immer dann von Streß sprechen, wenn man sich unwohl fühlt, aber nicht weiß, was man dagegen machen soll, oder wenn man zwar etwas dagegen unternimmt, aber man fühlt sich trotzdem nicht besser. Wenn die beiden Waagschalen nebeneinander hängen, dann steht der Zeiger auf ‚Zufrieden sein'.

Nun schaut bitte nach, auf welchen Karten aus dem ‚Gedankensturm' Dinge stehen, an denen man merken kann, daß man Streß hat oder daß man zufrieden ist.

Wer hat Karten gefunden, an denen man merkt, daß man Streß hat oder zufrieden ist?"

Wenn es keinen Widerspruch aus der Runde gibt, kann das Kind die Karte zur entsprechenden Beschriftung an die Streßwaage heften. Wenn nicht alle damit einverstanden sind, wird die Karte zurückgelegt.

„In den nächsten Wochen werden wir herausfinden, was das für Erlebnisse sein können, die die linke Waagschale so weit nach unten hängen lassen, daß man Streß hat. Wir wollen dann zu diesen Erlebnissen die geeigneten Dinge für die rechte Waagschale suchen, die die Waage wieder ins Gleichgewicht bringen, so daß wir uns wieder wohler fühlen und zufrieden sind. Dazu habe ich für jeden von Euch Geschichten und Comics und andere Dinge, die wir in den nächsten Wochen machen."

Austeilen des Materialheftes

• Einführung in die Progressive Muskelrelaxation

Ziele: • Die Kinder lernen die Progressive Muskelrelaxation kennen

Dauer: 20 Minuten

Material: Teppichboden oder Matten

Beschreibung: Das Prinzip der Progressiven Muskelrelaxation beruht darauf, daß einzelne Muskelgruppen zunächst angespannt und dann wieder entspannt werden, und so ein Gefühl für den Zustand der Entspannung entwickelt wird.

In dieser ersten Übung zum Kennenlernen der Progressiven Muskelrelaxation (nach Koeppen, 1974), wird das Anspannen und Entspannen einzelner Muskelgruppen in kleine Geschichten gekleidet. Dadurch können gezielt bestimmte Muskeln ohne komplizierte Erklärungen angesprochen werden.

Diese Übung wird im Liegen durchgeführt. Der Trainingsleiter liest die folgende Instruktion (wie auch die anderen Instruktionen zur Progressiven Muskelrelaxation) vor. Er sollte darauf achten, daß die Übung von allen Kindern mitgemacht wird. Fällt einem Kind eine längere Konzentration auf diese Übung schwer, sollte sich der Trainingsleiter neben dieses Kind setzen und ihm gegebenenfalls eine Hand auf die Schulter legen.

„Wir werden heute und in den nächsten Stunden eine ganz besondere Übung ausprobieren. Man kann sie machen, um sich wohler zu fühlen. Man nennt sie auch ‚Entspannungsübung'.

Mit dieser Übung könnt Ihr lernen, Euch zu entspannen, wenn Ihr Euch nervös und gestreßt fühlt. Diese Übung ist sehr trickreich, denn Ihr könnt sie nach einer Weile auch machen, wenn andere dabei sind, ohne daß die das merken.

Damit diese Übung aber richtig funktionieren kann, gibt es einige Regeln:

Erstens müßt Ihr genau das machen, was ich Euch sage, auch wenn sich etwas im ersten Moment vielleicht etwas komisch anhört. Und zweitens müßt Ihr Eure Aufmerksamkeit auf Euren Körper lenken. Achtet während der Übung darauf, wie sich Eure Muskeln anfühlen, wenn sie angespannt sind und wie sich Eure Muskeln dann anfühlen, wenn sie entspannt sind."

(Wenn die Kinder eine Übungskassette erhalten: „Drittens solltet Ihr regelmäßig (z.B. einmal am Tag) üben. Je mehr Ihr übt, desto entspannter könnt Ihr werden. Damit das mehr Spaß macht, gebe ich Euch heute eine Kassette, mit der Ihr zu Hause üben könnt.")

„Aber jetzt werden wir zunächst die ‚Entspannungsübung' zusammen machen. Legt Euch möglichst bequem auf den Boden. Laßt Eure Hände ganz locker neben den Beinen liegen. Und jetzt schließt Eure Augen und öffnet sie erst, wenn ich es Euch sage. Wenn Ihr Eure Augen nicht länger geschlossen halten könnt, schaut einfach an die Decke. Denkt daran, genau das zu machen, was ich Euch sage und genau darauf zu achten, was Euer Körper dabei macht.

So, und jetzt geht es los: Mach als erstes Deine rechte Hand zu einer Faust. Stell Dir vor, Du hast eine dicke, gelbe Zitrone in Deiner rechten Hand. Drück sie ganz fest zusammen: Versuch, den ganzen Saft der Zitrone herauszuquetschen. Achte auf die Anspannung in Deiner Hand und in Deinem Arm. Und nun laß die Zitrone einfach fallen. Achte darauf, wie sich die Hand jetzt, wenn sie entspannt ist, anfühlt.

Nimm eine neue Zitrone und zerquetsch sie wieder mit der rechten Hand: Drück sie noch fester zusammen als die erste Zitrone. Und jetzt laß die Zitrone fallen und entspanne.

Und nun mach das gleiche mit der linken Hand. Nimm eine Zitrone in Deine linke Hand und drück sie ganz fest zusammen. Versuch, den ganzen Zitronensaft herauszuquetschen. Achte auf die Anspannung in Deiner Hand und in Deinem Arm. Und nun laß die Zitrone fallen und entspanne. Merkst Du, wieviel besser sich die Hand und der Arm anfühlen, wenn sie entspannt sind?

Als nächstes spann Deine Arme an. Stell Dir vor, Du wärst ein faule, schläfrige Katze. Du willst Dich so richtig recken und strecken. Streck Deine Arme weit nach oben, zieh sie über Deinen Kopf und laß sie weit nach hinten wippen. Fühlst Du das Ziehen in Deinen Armen und Schultern? Und jetzt laß Deine Arme wieder neben Deinen Körper fallen und entspanne.

Okay, streck Dich noch einmal. Streck Deine Arme nach oben, zieh sie über Deinen Kopf und laß sie nach hinten wippen. Und nun laß sie wieder neben Deinen Körper fallen. Merkst Du, wie sich Deine Arme und Schultern immer mehr entspannen?

Nun geht es um das Anspannen der Schultern.

Stell dir vor, Du wärst eine Schildröte. Du sitzt draußen im Sand an Deinem Lieblingsteich und entspannst Dich in der wohligen, warmen Sonne. Hier fühlst Du Dich richtig sicher. Aber plötzlich witterst Du Gefahr! Zieh schnell Deinen Kopf in Deinen Panzer ein. Versuch, Deine Schultern weit hinaufzuziehen, bis hin zu Deinen Ohren und schiebe Deinen Kopf zwischen Deine Schultern. Bleib einen Moment so und spüre die Anspannung in Deinen Schultern und im Nacken. Und endlich: die Gefahr ist vorüber, Du kannst Deinen Kopf wieder aus Deinem Panzer hinausstrecken und zurückkommen in die wärmende Sonne. Du kannst Dich wieder entspannen und so richtig wohl fühlen.

Doch aufgepaßt! Du spürst erneut Gefahr herannahen. Schnell, zieh Deinen Kopf ein und bleib so. Beobachte die Anspannung in Hals und Nacken. Gut, die Gefahr ist wieder vorüber und Du kannst Dich wieder entspannen. Fahre Deinen Kopf wieder heraus und entspanne Dich. Es wird keine Gefahr mehr geben. Du brauchst keine Angst mehr zu haben. Du fühlst Dich gut.

Als nächstes sollst Du Deine Zähne zusammenbeißen. Stell Dir jetzt vor, Du hast einen riesigen Kaugummi in Deinem Mund: Es ist wirklich sehr anstrengend, darauf zu kauen. Und jetzt entspanne. Du merkst, wie gut es tut, Deinen Kiefer einfach herunterhängen zu lassen.

Okay, jetzt kau noch einmal auf diesem Kaugummi. Zerbeiß ihn zwischen Deinen Zähnen. Und jetzt entspanne wieder. Du fühlst Dich so gut, einfach nur zu entspannen und Dich nicht mit diesem blöden Kaugummi herumärgern zu müssen.

Oh, da kommt so eine lästige Fliege herangeflogen und landet mitten auf Deiner Nase. Versuch sie zu verscheuchen, ohne Deine Hände dabei zu benutzen. Runzle Deine Nase. Mach ganz viele Runzeln in Deine Nase. Endlich, Du hast die Fliege verscheucht. Du kannst die Nase wieder entspannen.

Ups, da kommt die Fliege schon wieder zurück und landet wieder genau auf Deiner Nase. Verscheuch sie noch einmal, indem Du Deine Nase so stark wie möglich runzelst. Merkst Du, wie Deine Backen, Dein Mund, Deine Augen und Deine Stirn Dir helfen, die Nase zu runzeln? Okay, Du hast es wieder geschafft, die lästige Fliege zu vertreiben. Du kannst Dein Gesicht wieder entspannen. Laß Dein Gesicht ganz glatt werden, es hat keine Runzeln mehr. Dein Gesicht fühlt sich jetzt ganz glatt, angenehm und entspannt an.

Als nächstes geht es um das Anspannen des Bauches. Stell Dir vor, Du liegst auf einer Wiese im Gras und von weitem kommt ein kleiner Elefant herangetrottet. Aber er scheint gar nicht darauf zu achten, wo er hinläuft. Gleich läuft er über Deinen Bauch. Beweg Dich nicht, Du hast keine Zeit mehr, Dich zu verdrücken. Bereite Dich auf den unangemeldeten Besuch vor. Mach Deinen Bauch ganz hart und fest. Spanne Deine Bauchmuskeln ganz fest an. Oh, es sieht so aus, als ob der Elefant nun doch eine andere Richtung einschlägt. Glück gehabt. Du kannst wieder entspannen und Deinen Bauch ganz locker werden lassen. Laß Deinen Bauch so entspannt wie möglich werden. Das fühlt sich so viel besser an.

Uhg, der kleine Dickhäuter kommt zurück. Fertigmachen! Spanne Deine Bauchmuskeln ganz fest an. Wenn er über Dich hinüberläuft und Dein Bauch ist ganz hart und fest, kann er Dir nicht wehtun. Mach Deinen Bauch hart wie einen Stein. Der Elefant kommt näher, läuft über Deinen Bauch und trottet davon. Du kannst Dich jetzt wieder ganz entspannen. Du bist ganz sicher. Alles ist okay und Du fühlst Dich ganz ruhig und entspannt.

Nun sollst Du Deinen Bauch einziehen. Stell Dir vor, Du willst Dich durch einen engen Zaun quetschen. Du mußt Dich ganz dünn machen, wenn Du es schaffen willst, da durchzukommen. Zieh Deinen Bauch ein, ganz fest. Versuch, so dünn zu werden, wie Du kannst. Du willst durch diesen Zaun hindurch. Und Du schlüpfst hindurch. Du hast es geschafft. Du kannst Deinen Bauch wieder entspannen. Du brauchst jetzt nicht mehr dünn zu sein. Entspann Dich und fühl, wie Dein Bauch weich wird und warm.

Aber irgendwie wird Dir doch langweilig auf dieser Seite des Zaunes. Du willst wieder zurück auf die andere Seite. Zieh Deinen Bauch wieder ganz fest ein. Mach ihn ganz dünn. Und jetzt quetscht Du Dich wieder durch diesen dünnen Zaun. Super, Du hast es geschafft hindurchzukommen. Du kannst Dich jetzt entspannen und Deinen Bauch wieder dahin kommen lassen, wo er hingehört. Du hast es geschafft, Du fühlst Dich jetzt wirklich gut.

Als letztes spanne die Füße und die Beine an. Stell Dir vor, Du stehst barfuß in einem großen, wabbeligen Schlammloch. Wühl mit Deinen Zehen tief im Schlamm. Versuch, Deine Füße bis auf den Grund dieses Schlammloches zu drücken. Du wirst wahrscheinlich auch Deine Beine als Unterstützung gebrauchen. Mach Deine Beine ganz lang, spreiz Deine Zehen. Du merkst, wie der Schlamm sich langsam durch Deine Zehen hindurchdrückt.

Nun steig aus diesem Schlammloch hinaus und entspann Deine Beine und Füße. Laß Deine Zehen ganz locker werden und spüre, wie schön sich das anfühlt. Es fühlt sich gut an, sich zu entspannen.

Doch zurück ins Schlammloch. Drück Deine Zehen hinunter. Deine Beinmuskeln helfen den Füßen beim Herunterdrücken. Okay, komm wieder aus dem Schlammloch heraus. Entspanne Deine Füße, entspanne Deine Beine, entspanne Deine Zehen. Es fühlt sich so gut an, entspannt zu sein. Nirgendwo ist Anspannung. Du fühlst Dich wohlig und warm.

Bleib so entspannt, wie Du kannst. Laß Deinen ganzen Körper ganz schlaff. Alle Muskeln Deines Körpers sind ganz locker und Du fühlst Dich so richtig wohlig und entspannt. Genieße dieses Gefühl der Entspannung noch eine Weile."

Nach ca. einer Minute:

„So, jetzt werden wir die Entspannungsübung beenden. Spann Deine Muskeln wieder ein wenig an und räkel und streck Dich. Und jetzt öffne ganz, ganz langsam Deine Augen. Sehr gut. Du hast das sehr gut gemacht. Wenn Du so weiter übst, wirst Du ein Superentspanner werden."

Auswertungsfragen:

- Wie hat Euch die Übung gefallen?
- Wie fühlt Ihr Euch jetzt?
- Welche Muskeln konntet Ihr leicht anspannen?
- Welche Muskeln konntet Ihr nicht so leicht anspannen?

‚Entspannung' als Strategie auf eine Karteikarte schreiben und anheften.

• Hausaufgabe: Üben mit einer Entspannungskassette

Ziele: • Die Kinder üben die Progressive Muskelentspannung auch außerhalb der Trainingssitzungen

Dauer: 5 Minuten

Material: Entspannungskassette, Anleitungsbogen

Beschreibung: Als Anleitung der häuslichen Entspannungsübungen erhält jedes Kind eine Audiokassette mit Entspannungsinstruktionen und Phantasiereise.

„Entspannen heißt nicht, daß man eine Turnübung macht, sondern sie soll angenehm sein und unangenehme Gedanken verjagen. Dazu sollte man die Entspannung aber auch regelmäßig, z.B. einmal am Tag, üben und dafür gebe ich Euch eine Kassette. Darauf hilft Euch eine Stimme, diese Übung zu machen.

Wenn Ihr die Entspannung einige Male geübt habt, könnt Ihr sie sicher auch ohne Anleitung durch mich oder durch die Kassette machen. Dann wißt selbst, was man für die Entspannung tun muß. Ihr könnt Euch auch eigene Geschichten zur Entspannung ausdenken. Wenn Ihr die Übung zu Hause macht, legt Euch am besten ganz bequem auf Euer Bett.

In Eurem Heft ist eine Anleitung zur Kassette. Die Anleitung enthält Tips zum Üben mit der Kassette. Wenn Ihr Lust habt, könnt Ihr Euch die Kassette auch einmal gemeinsam mit Euren Eltern anhören oder zusammen mit Freunden.

In der nächsten Woche werden wir dann besprechen, wie gut das mit der Kassette geklappt hat.

Wer möchte den Anleitungstext vorlesen?"

• „Ich bin stolz" - Rundblitz

Ziele: • Die Kinder lernen die positive Selbstinstruktion als Streßbewältigungsstrategie kennen

Dauer: 5 Minuten

Material: Keines

Beschreibung: Der „Ich bin stolz" - Rundblitz ist eine Übung zur positiven Selbstinstruktion. Die Kinder nennen der Reihe nach etwas, auf das sie stolz sind und erhalten Beifall durch die

Gruppe. Die Möglichkeit, sich selbst zu loben oder sich in befürchteten oder eingetretenen Versagenssituationen auf eigene Stärken zu besinnen, wird als Bewältigungsstrategie thematisiert. Der „Ich bin stolz“ - Rundblitz wird im Laufe des Trainings wiederholt, so daß die Kinder immer selbstverständlicher über eigene Stärken sprechen.

„Oft kann es bei Streß helfen, an etwas besonders Schönes zu denken, das man einmal erlebt hat, oder an etwas zu denken, was man besonders gut kann. Vielen Kindern fällt das aber gar nicht leicht. Oft geht es viel schneller, an etwas Schlimmes zu denken. Deshalb üben wir jetzt, an etwas Schönes zu denken, indem wir den ‚Ich bin stolz‘ - Rundblitz machen: Ihr habt eine Minute Zeit zu überlegen, auf was Ihr stolz seid.

Das kann etwas sein, was Ihr in den letzten Tagen und Wochen gesagt oder getan habt, worüber Ihr stolz oder glücklich seid. Etwas, das ihr ganz besonders gut könnt, eine Angst, die Ihr überwunden habt, oder auch etwas Lustiges, das Ihr getan habt. Wenn die Minute herum ist, werde ich ganz schnell die Runde abfragen und jeder kann sagen, was ihm eingefallen ist. Wer nichts sagen möchte, sagt ‚ich passe‘.“

Der Kursleiter beginnt. Jeder Beitrag wird von der Gruppe beklatscht.

Auswertungsfragen:

- Wie hat Euch der Rundblitz gefallen?
- War es schwer, sich zu überlegen, worauf man stolz ist?

„Wir werden das Spiel in den nächsten Wochen noch einige Male machen. Und damit es immer schneller geht, könnt Ihr für den ‚Ich bin stolz‘ - Rundblitz auch zu Hause üben. Überlegt Euch abends, bevor Ihr einschlaft, was Ihr an dem Tag Schönes erlebt oder gemacht habt, auf was Ihr stolz seid. Versucht dann, Euch dieses Erlebnis noch einmal vorzustellen.“

• Zusammenfassung der Doppelstunde und Ausblick

Dauer: 5 Minuten

Beschreibung: Am Ende jeder Doppelstunde gibt der Trainingsleiter eine kurze Zusammenfassung und einen Ausblick auf das nächste Treffen. Die Materialhefte werden eingesammelt.

Hinweis für die zweite Doppelstunde:
Die Kinder sollen zur nächsten Sitzung Bunt- oder Filzstifte mitbringen.

2. Zweite Doppelstunde

Die zweite Doppelstunde hat die Wahrnehmung von Streßreaktionen zum Thema. Ziel ist es, daß die Kinder Gedanken und Gefühle, die mit Streß zusammenhängen, identifizieren können.

• Rückblick auf die erste Doppelstunde, „offene Runde" und Ausblick

Ziele:
- Förderung der Motivation
- Schaffung eines vertrauensvollen Klimas

Dauer: 5 Minuten

Material: Keines

Beschreibung: Zu Beginn jeder Doppelstunde wird in einem kurzen Rundblitz die letzte Doppelstunde zusammengefaßt. Daneben sollten die Kinder die Gelegenheit erhalten, über Streßerlebnisse aber auch über positive oder lustige Erlebnisse der vergangenen Woche zu berichten. Der Trainingsleiter gibt im Anschluß einen Ausblick über die aktuelle Sitzung. Die Namensschildchen und das Materialheft werden ausgeteilt. Weiterhin sollte die „Streßwaage" vorbereitet sein (Tafel, Flip-chart etc.).

> „Jedesmal, wenn wir uns treffen, machen wir am Anfang eine Blitzrunde ‚Was wir beim letzten Mal gemacht haben'. Dabei kann jeder das erzählen, was ihm einfällt. Ich fange an."
>
> Im Anschluß:
>
> „Seit unserem letzten Treffen ist schon eine Woche vergangen. Wer hatte denn seitdem ein Streßerlebnis und möchte davon erzählen?" ...
>
> „Damit man weniger Streß hat, ist es ganz wichtig, auch an die Erlebnisse zu denken, auf die man stolz ist oder die lustig sind. Wer hat denn seit unserem letzten Treffen etwas erlebt, auf das er stolz ist oder das witzig ist?" ...
>
> „Und jetzt sage ich Euch, was ich für heute vorbereitet habe ... ."

• Gefühle raten

Ziele:
- Die Kinder erkennen Gefühle, die mit „Streß haben" oder „Zufrieden sein" zusammenhängen

Dauer: 25 Minuten

Material: Gefühlekarten, unbeschriftete Karteikarten

Beschreibung: Pantomimisch stellen die Kinder Gefühle, die mit „Streß" und mit „zufrieden sein" zusammenhängen, dar. Die anderen Kinder versuchen, diese Gefühle zu erraten. Kann das Gefühl nicht erraten werden, wird es von den Spielern genannt. Dann wird es von einem Kind an die passende Stelle der Streßwaage gehängt.

> „Heute werden wir herausfinden, woran man merkt, daß man Streß hat oder daß man zufrieden ist und sich wohl fühlt. Dazu machen wir jetzt das Spiel ‚Gefühle raten'.
>
> Wir brauchen diese Kärtchen. Auf jedem der Kärtchen steht ein Gefühl oder eine Stimmung, ein gutes oder schlechtes, z.B. Freude oder Angst oder albern sein. Immer zwei von Euch tun sich gleich zusammen und erhalten eine Karte. Dann haben sie Zeit, sich das Gefühl genau anzusehen und sich zu überlegen, wie sie dieses Gefühl am besten 'ohne Worte' darstellen können. Die anderen müssen dann herausfinden, welches Gefühl

die beiden spielen. Das ist nicht ganz einfach, seht also genau hin. Ich zeige Euch das mal."

Auswertungsfragen:

- Was glaubt Ihr, stellen die beiden dar?
- Wie heißt das Gefühl?
- Woran habt Ihr das erkannt?
- An welche Stelle der Streßwaage paßt das Gefühl?

Die gespielte Gefühlekarte wird von einem Kind an die passende Stelle der Streßwaage geheftet.

„Ihr habt gerade einige Gefühle erkannt, die man haben kann, wenn man Streß hat oder wenn man zufrieden ist. Ihr habt auch schon einiges genannt, woran man die Gefühle erkennen kann. Ihr kennt aber bestimmt noch andere Dinge, an denen man merken kann, daß man Streß hat oder zufrieden ist. Wer möchte anfangen zu erzählen? Ich schreibe das auf die Karten und Ihr könnt die Karte dann auch an die richtige Stelle zur Streßwaage heften. Wenn Ihr die Karte anheftet, könnt Ihr ein Erlebnis nennen, bei dem Ihr oder andere das, was auf die Karte geschrieben ist, schon einmal erlebt haben."

• Streßreaktionen zeichnen

Ziele: • Die Kinder erkennen Streß an den Streßreaktionen

Dauer: 25 Minuten

Material: Körperumrißzeichnung, Malstifte

Beschreibung: Die Kinder erhalten eine Körperumrißzeichnung von einem Kind (Materialheft) und können dort einzeichnen, an welchen Körperstellen sie Streß empfinden. Wer möchte, kann sein Bild im Anschluß vorstellen.

„Wir haben gerade herausgefunden, welche Gefühle man haben kann, wenn man Streß hat oder wenn man sich gut fühlt. Um etwas gegen Streß zu machen, ist es ganz wichtig, daß man auch merkt, daß man Streß hat. Deshalb dürft Ihr nun in dieses Bild von einem Kind einzeichnen, an welchen Körperstellen man Streß merken kann. Ihr könnt das malen, was wir beim Gefühleraten-Spiel herausgefunden haben und auch alles andere, was Euch dazu einfällt. Dazu habt Ihr eine Viertelstunde Zeit."

Im Anschluß: Vorstellung der Bilder.

Bevor die Kinder Ihre Bilder vorstellen, sollte ein kleines Auflockerungsspiel gemacht werden, z.B. das nachfolgend beschriebene Spiel „Dirigent".

• Auflockerungsspiel „Dirigent"

Ziele: • Nach dem Zeichnen können sich die Kinder ein wenig bewegen

Dauer: 15 Minuten

Material: Keines

„Nachdem Ihr so konzentriert gezeichnet habt, machen wir jetzt etwas, bei dem Ihr wieder richtig locker und frisch werdet. Das ‚Dirigentenspiel'.

Stellt Euch vor, Ihr seid ein Orchester und einer von Euch ist der Dirigent. Ein Kind geht gleich aus dem Raum und dann bestimmen die anderen, wer der Dirigent ist. Dann kommt das Kind, das draußen gewartet hat, wieder herein. Der Dirigent fängt an zu spielen und die anderen müssen dann so schnell wie möglich das gleiche Instrument spielen. Das Kind, das herausgegangen ist, soll dann herausfinden, wer der Dirigent ist. Wenn es den Dirigenten erraten hat, geht der Dirigent heraus und Ihr wählt einen anderen Dirigenten. Wird der Dirigent nicht erraten, denkt er sich ein anderes Instrument aus."

• Auswertung der Hausaufgabe „Üben mit der Entspannungskassette"

Ziele:
- Die Kinder tauschen Erfahrungen beim Üben mit der Entspannungskassette aus
- Mögliche Probleme und Schwierigkeiten werden geklärt
- Die Kinder werden durch positive Erfahrungen von anderen zum Üben mit der Kassette motiviert

Dauer: 15 Minuten

Material: Keines

Beschreibung: Die Kinder tauschen Erfahrungen mit dem Üben der Progressiven Muskelrelaxation aus. Mögliche Probleme bei der Durchführung der Übungen sollen gelöst werden. Kinder, die regelmäßig mit der Kassette geübt haben, werden gelobt. Wenn Kinder selten oder gar nicht geübt haben, sollten die Ursachen besprochen werden. Dabei sollte aber berücksichtigt werden, daß es immer einige Kinder gibt, denen die Entspannung nicht gefällt und die sie deshalb auch nicht üben wollen. Den Kindern sollte deutlich gemacht werden, daß es auch in Ordnung ist, wenn jemand die Entspannung nicht üben möchte.

„Beim letzten Mal habe ich Euch eine spezielle Übung gegen Streß gezeigt: die Muskelentspannung. Dazu habe ich Euch eine Kassette gegeben, damit Ihr die Muskelentspannung zu Hause üben könnt. Heute möchte ich mit Euch darüber sprechen, wie das Üben geklappt hat. Wer hat denn mit der Kassette geübt?"

Fragen an die Kinder, die mit der Kassette geübt haben:
- Wie hat Dir die Kassette gefallen?
- Was hat Dir daran gefallen bzw. nicht gefallen?
- Wann hast Du mit der Kassette geübt?
- Was hat gut geklappt. Welche Muskeln konntest Du leicht anspannen?
- Was hat nicht so gut geklappt? Welche Muskeln konntest Du nicht so leicht anspannen?
- Hat Dich etwas gestört? Wenn ja, was?
- Wie hast Du Dich nach einer Übung gefühlt? Gab es einen Unterschied zu vorher?

Das Anspannen und Entspannen problematischer Muskelgruppen wird gemeinsam eingeübt. Andere Probleme bei der Durchführung der Entspannungsübungen werden angesprochen.

„Entspannung ist etwas, das gefällt manchen Kindern gut und anderen Kindern macht das gar keinen Spaß. Entspannung sollte man nur machen, wenn man Spaß daran hat. Dann werdet Ihr auch bald merken, wie gut das tut und wie ruhig und locker Ihr dabei werdet. Wenn Ihr die Kassette einige Male gehört habt, dann könnt Ihr die Entspannung auch ohne die Kassette machen. Dann geht Ihr einfach in Gedanken die einzelnen Muskeln durch. Ihr spannt sie an und laßt sie dann wieder locker und denkt dann vielleicht an die Zitrone, die Katze, ... Später kann man auch verschiedene Muskeln gleichzeitig anspannen oder in einer ‚Blitzentspannung' alle Muskeln zugleich anspannen und wieder entspannen. Das kann man sehr gut in der Schule machen, z.B. wenn man vor einer Arbeit nervös ist. Wie das geht, zeige ich Euch in den nächsten Wochen.

„Wenn jemand gar keine Lust auf die Entspannung hat, dann ist das nicht schlimm. Ihr werdet noch eine Menge anderer Dinge kennenlernen, die man gegen Streß tun kann. Vielleicht bekommt Ihr ja später Lust, mit der Kassette Entspannung zu üben.“

• Indianerschrei

Ziele: • Die Kinder lernen den Indianerschrei als kurzfristige Streßbewältigungsstrategie kennen

Dauer: 5 Minuten

Material: Keines

Beschreibung: Der „Indianerschrei“ ist eine kurze, wenig aufwendige Atemübung zur Streßreduktion in akuten Belastungssituationen. Die Kinder sollen durch die Anwendung dieser Übung Nervosität und Aggressionen abbauen und ihre Konzentrationsfähigkeit erhalten, damit sie sich gelassener um eine Problemlösung kümmern können.

„Ich zeige Euch jetzt einen Trick, den früher die alten Medizinmänner jungen Kriegerinnen und Kriegern beigebracht haben, wenn die vor einer wichtigen Prüfung oder einem Kampf Angst hatten. Ich zeige Euch jetzt den ‚Indianerschrei‘. Der ist dazu da, Streß zu überwinden. Steht alle auf!

Stellt Euch vor, daß Ihr gleich den Indianerschrei ausstoßen werdet. Stellt Euch aufrecht hin. Gleich werdet Ihr den Mund weit öffnen und tief Luft holen. Es wird ein lautloser (!) Schrei sein, niemand von uns wird ihn hören. Das war für Indianer wichtig, wenn die Feinde schon in der Nähe waren.

Wenn Ihr wollt, könnt Ihr Euch vorstellen, wie der Zauberschrei klingt und bis wohin der Schrei reichen soll. Welche Art Schrei soll es sein? Ein Tarzan-, Freuden-, Rache-, King Kong-Schrei? Wichtig ist, daß Ihr tief Luft holt und all Eure Kraft hineinlegt.“

Kurzdemonstration eines lautlosen Schreis, wobei die Arme weit auseinandergerissen werden.

„Macht Euch jetzt bereit für den Indianerschrei. Ich zähle langsam von drei rückwärts und bei eins laßt Ihr den lautlosen (!) Indianerschrei los!“

Auswertungsfragen:
- Wie hat Euch die Übung gefallen?
- Wie klang der Schrei?
- Wann kann der Indianerschrei bei Streß helfen?

„Indianerschrei“- Karte an die Streßwaage anheften lassen.

• Zusammenfassung der Doppelstunde und Ausblick

Dauer: 5 Minuten

Hinweis für die dritte Doppelstunde:
Die Kinder sollen zur nächsten Sitzung Bunt- oder Filzstifte mitbringen.

3. Dritte Doppelstunde

Der Schwerpunkt der dritten Doppelstunde liegt in der Verbesserung der Wahrnehmung von Streßsituationen. Ziel ist es, daß die Kinder für sie typische oder potentielle Streßsituationen kennen.

• Rückblick auf die zweite Doppelstunde, „offene Runde" und Ausblick

Dauer: 5 Minuten

Beschreibung: siehe zweite Doppelstunde

• Steckbrief Streß

Ziele:
- Die Kinder kennen typische oder potentielle Streßsituationen

Dauer: 40 Minuten

Material: Steckbrief Streß (Materialheft)

Beschreibung: Die Kinder bearbeiten den Steckbrief Streß: Anhand eines kurzen Fragebogens sollen sie verschiedene Merkmale einer Streßsituation beschreiben. Alternativ oder ergänzend können auch Zeichnungen von Streßsituationen angefertigt werden.

Wenn sich Kinder an keine eigene Streßsituation erinnern, ist auch die Beschreibung einer Situation möglich, bei der sie sich vorstellen könnten, Streß zu erleben. Als dritte Möglichkeit können sie auch ein Streßerlebnis einer anderen Person beschreiben. Haben Kinder Schwierigkeiten mit dem Schreiben, füllt der Trainingsleiter den Steckbrief für sie aus. Bevor die Steckbriefe von den Kindern vorgestellt werden, sollte ein kleines Auflockerungsspiel (z.B. der nachfolgend beschriebene „Regentanz") gemacht werden.

„Wir haben beim letzten Mal besprochen, woran man merkt, daß man Streß hat oder daß man sich gut fühlt und zufrieden ist. Heute werden wir herausfinden, wann man Streß erleben kann und was das für Erlebnisse sind, bei denen man Streß hat. Damit Ihr solche Streßerlebnisse leichter entdecken könnt, habe ich diesen ‚Steckbrief' hier mitgebracht. Wer weiß, was ein Steckbrief ist?

Ein Steckbrief wird geschrieben, wenn man einen Übeltäter sucht. Damit man diesen Übeltäter findet, muß man Ihn aber ganz genau beschreiben. Der Übeltäter, den wir suchen, heißt ‚Streß'. Ich habe für jeden von Euch einen Steckbrief zu ‚Streß' mit einigen Fragen mitgebracht. Diesen Steckbrief könnt Ihr jetzt ausfüllen."

Der Steckbrief Streß (Materialheft) wird ausgeteilt und die einzelnen Fragen werden vorgelesen und besprochen.

„Jetzt kann jeder seinen eigenen Steckbrief ausfüllen. Wenn Ihr noch nie Streß hattet, dann überlegt Euch, wann Ihr vielleicht Streß haben werdet. Wem dazu nichts einfällt, der kann auch das Streßerlebnis von jemand anderem beschreiben (z.B. Geschwister, Freunde, Eltern). Wer möchte, darf sein Streßerlebnis auch malen.

Alles klar? Dann könnt Ihr jetzt anfangen. Ihr habt 20 Minuten Zeit."

Bevor die Kinder ihren Steckbrief vorstellen: Ein Auflockerungsspiel

„Wer möchte als erstes seinen Streßsteckbrief vorstellen?"

Auswertungsfragen:
- Haben die anderen Kinder das auch schon erlebt?
- Wie war das bei den anderen?
- Was hätten die anderen gemacht, um den Streß loszuwerden?

Die Situationen werden auf Karteikarten notiert und unter die linke Waagschale der Streßwaage gehängt. Die genannten Streßbewältigungsstrategien werden zur rechten Waagschale geheftet.

Nach der Vorstellung der Steckbriefe:

„Gibt es sonst noch Erlebnisse, bei denen man Streß haben kann? Wer hat schon mal gemerkt, daß ein anderes Kind in der Schule, in der Pause oder zu Hause Streß gehabt hat? Woran habt Ihr das gemerkt?“

Antworten auf Karteikarten notieren und zur Streßwaage hängen.

• Auflockerungsspiel „Regentanz“

Ziele: • Die Kinder können sich austoben

Dauer: 20 Minuten

Material: Keines

Beschreibung: Die Gruppe wird aufgeteilt. Die eine Hälfte der Gruppe spielt die Indianer, die einen Regentanz einstudieren werden, die andere Hälfte bleibt zunächst Zuschauer. Der Trainingsleiter ist in Gruppe 1 und beginnt einen Indianertanz. Nachdem die Kinder eine Weile getanzt haben, gehen sie nach draußen und bestimmen den „Regenmacher“. Der ändert etwas an seiner Kleidung, damit die Zuschauer ihn später erraten können. Danach kommen die Kinder erneut in den Raum und tanzen. Die Zuschauer raten nun, welches Kind der „Regenmacher“ ist. Nach einigen Durchgängen wechseln Zuschauer und Indianer.

„Heute spielen wir ein Spiel, das nennt sich ‚Regentanz‘. Dazu teilen wir uns in zwei Gruppen auf. Die einen sind die Indianer und die anderen sind die Zuschauer. Nachher wird gewechselt. Die Indianer leben in einer Steppe, in der es schon sehr lange nicht mehr geregnet hat. Das Gras ist schon ganz verdorrt, die Büffel sind schon vor langer Zeit zu entfernteren Wasserstellen gezogen und auch die Indianer brauchen endlich mal wieder eine richtige Dusche. Deshalb haben die Indianer beschlossen, mit Hilfe eines Regentanzes den Regengott gnädig zu stimmen. Und so tanzen sie alle drauf los, in der Hoffnung, daß es dann endlich regnet.

Doch irgendwie scheint es noch nicht so richtig zu funktionieren. Da haben sie die Idee, daß man zum Regen machen natürlich auch noch einen Regenmacher braucht. Und so beschließen sie, aus ihrer Mitte einen Regenmacher zu wählen. Und wie in den alten Überlieferungen geschrieben steht, soll man den Regenmacher an seiner Kleidung erkennen.“

Die Indianer gehen heraus und ein Kind wird zum Regenmacher bestimmt und es verändert seine Kleidung, indem es z.B. den Ärmel seines Pullovers hinaufzieht. Dann kommen die Indianer wieder herein und tanzen erneut.

„Oh, spürt Ihr auch schon, wie die ersten zarten Tropfen vom Himmel fallen. Und aus den kleinen Tropfen werden dicke Tropfen und nun beginnt es in Strömen zu gießen. Die Indianer brechen in Freudenschreie aus, es hat geklappt: Applaus! Applaus!“

An die Zuschauer: „Was glaubt Ihr? Wer von den Indianern war der Regenmacher, der dieses Wunder geschafft hat?“

„Und jetzt wollen wir mal sehen, ob die andere Gruppe auch so viel Erfolg beim Regenmachen hat“

• Auswertung der Hausaufgabe „Üben mit der Entspannungskassette“

Ziele:
- Die Kinder tauschen weitere Erfahrungen beim Üben mit der Entspannungskassette aus
- Die Kinder kennen Situationen, in denen Entspannung eine wirksame Streßbewältigungsstrategie sein kann
- Die Kinder werden zum Üben mit der Kassette motiviert

Dauer: 10 Minuten

Material: Keines

Beschreibung: Die Kinder tauschen erneut Erfahrungen mit dem Üben der Progressiven Muskelrelaxation aus. Dabei soll herausgefunden werden, in welchen Situationen die Kinder die Entspannung geübt oder angewendet haben.

„Wer von Euch hat in der vergangenen Woche mit oder ohne Kassette die Muskelentspannung geübt?“

Fragen an die Kinder, die mit der Kassette geübt haben:
- Wann hast Du die Entspannung gemacht?
- Wie hast Du Dich nach einer Übung gefühlt?
- Gab es einen Unterschied zu vorher?
- Hat Dir die Entspannung geholfen, weniger Streß zu haben?

„In der nächsten Woche zeige ich Euch, wie man bei der Entspannung mehrere Muskeln zusammen anspannen und wieder entspannen kann. Das macht genauso locker und entspannt, geht aber viel schneller als die Entspannung mit allen Muskeln einzeln.“

• Sprung in die Wachheit

Ziele:
- Die Kinder lernen den Sprung in die Wachheit als kurzfristige Streßbewältigungsstrategie kennen

Dauer: 10 Minuten

Material: Keines

Beschreibung: Der „Sprung in die Wachheit“ ist eine Atem- und Bewegungsübung zur Streßreduktion. Die Kinder sollen durch die Anwendung dieser Übung Nervosität und Aggressionen abbauen, damit sie gelassener an eine Problemlösung herangehen können. Im Anschluß werden Situationen geplant, in denen die Kinder diese Übung oder den Indianerschrei anwenden.

„Nachdem wir jetzt soviel zugehört und geredet haben, müssen wir etwas machen, damit wir wieder wach und fit werden. Beim letzten Mal habe ich Euch den Indianerschrei gezeigt. Wer möchte den Indianerschrei vormachen?

Heute zeige ich Euch den ‚Sprung in die Wachheit‘. Stellt Euch bitte alle so hin, daß Ihr soviel Platz habt, wie Eure ausgestreckten Arme reichen. Ich werde Euch jetzt einen Sprung zeigen, den man gut machen kann, wenn man müde ist, z.B. bei vielen Hausaufgaben. Danach ist man dann wieder richtig fit. Ich mache den Sprung einmal vor:

Zuerst achte ich auf meinen Atem und darauf, daß ich gut auf dem Boden stehe. Dann schließe ich die Augen und konzentriere mich ganz auf meinen Bauch, unterhalb meines Bauchnabels und sammele dort meine ganze Kraft, schicke sie mit meinem Atem herunter und bereite mich vor... . Dann zähle ich langsam von vier rückwärts und bei ‚Null‘ fliegen meine Arme nach außen, meine Beine springen nach außen und ich reiße die Augen ganz weit auf und schreie ‚HA!'. Und das machen wir jetzt alle zusammen."

Auswertungsfragen:

- Wie hat Euch die Übung gefallen?
- Wann könnt ihr den Sprung in die Wachheit noch gebrauchen?

„Sprung in die Wachheit" - Karte an die Streßwaage anheften.

• Zusammenfassung der Doppelstunde und Ausblick

Dauer: 5 Minuten

4. Vierte Doppelstunde

Die Kinder erfahren in dieser Doppelstunde, daß es hilfreich sein kann, mit anderen über eigenen Streß zu sprechen. Diese Strategie wird im Rollenspiel erprobt. Zweiter Schwerpunkt der Sitzung ist das Kennenlernen der Kurzform der Progressiven Muskelrelaxation. Am Ende der Doppelstunde wird den Kindern die „Was ich bei Streß alles tun kann" - Liste vorgestellt, in die sie die im Laufe des Trainings erarbeiteten Streßbewältigungsstrategien eintragen können.

• Rückblick auf die dritte Doppelstunde, „offene Runde" und Ausblick

Dauer: 5 Minuten

Beschreibung: siehe zweite Doppelstunde

• Einstieg ins Rollenspiel: „Genießertüte"

Ziele:
- Die Kinder werden auf die Spielsituation eingestimmt

Dauer: 5 Minuten

Material: Keines

Beschreibung: In die nachfolgenden Rollenspiele leitet eine kurze Pantomime zum „Warmwerden" ein. Die Kinder sitzen im Stuhlkreis und der Trainingsleiter begibt sich in die Mitte des Kreises und tut so, als hätte er eine große Tüte dabei, aus der er etwas nimmt, das man genießen kann (etwas Leckeres zu essen, ein weiches Kleidungsstück...). Er lädt die Kinder nacheinander dazu ein, in diese Tüte zu fassen, sich etwas zum Genießen herauszunehmen und es voller Behagen mit zum Stuhl zurück zu nehmen.

„Eine gute Möglichkeit, sich wohl zu fühlen, ist es, sich etwas Gutes zu tun, etwas zu genießen. Deshalb habe ich hier in meiner Tüte für jeden von Euch eine wunderschöne Sache zum Genießen. Jeder von Euch darf sich gleich eine Sache herausholen und sie den anderen zeigen. Mal sehen, was hier für mich schönes drin ist."

Das Spiel geht jetzt möglichst „ohne Worte" weiter. Der Kursleiter bietet, nachdem er sich zuerst etwas aus der Tüte genommen hat (z.B. einen leckeren Apfel), die Tüte der Reihe nach allen Kindern an. Hilfen werden ebenfalls nur pantomimisch gegeben: Wenn ein Kind sich nicht beteiligen will oder sich nicht traut, kann der Kursleiter pantomimisch etwas für das Kind aus der Tüte nehmen und ihm überreichen oder mit dem Kind zusammen etwas darstellen.

Auswertungsfragen:
- Wie hat Euch das Spiel gefallen?
- Wann kann ich am besten genießen, ... zu welcher Zeit, ... an welchem Ort?

• Rollenspiele: „Schlechte Arbeit zurückbekommen"

Ziele:
- Die Streßbewältigungsstrategie „Sich über Streß mitteilen" wird handlungsmäßig erprobt
- Die Kinder kennen Vor- und Nachteile dieser Strategie
- Die Kinder kennen Situationen, in denen diese Strategie angemessen ist

Dauer: 40 Minuten

Material: Keines

Beschreibung: In Rollenspielen werden in dieser und der folgenden Doppelstunde Streßsituationen thematisiert, in denen das „Mit anderen über

Streß reden“ handlungsmäßig erprobt wird. Dieses „Sich mitteilen“ kann sowohl palliativen wie instrumentellen Charakter haben. Die Strategie hat instrumentelle Funktion, wenn andere bei der aktiven Problemlösung helfen sollen, und palliative Funktion, wenn das Mitteilen zu einer unmittelbaren Erleichterung führt (wenn „ein Stein vom Herzen fällt“). Einführende Geschichten sollen die Kinder anregen, Lösungsstrategien zu suchen und im Spiel auszuprobieren. Neben den für diese und die nächste Doppelstunde vorgegebenen Situationen können natürlich auch weitere potentielle Streßsituationen gespielt werden, in denen diese Strategie helfen könnte, z.B. dem Lehrer sagen, daß man keine Hausaufgaben gemacht hat, Streit mit Eltern bei den Hausaufgaben usw. In jedem Fall sollten Geschichten aufgegriffen werden, die die Kinder selbst spielen wollen. Im Anschluß an ein Rollenspiel werden die Vor- und Nachteile dieser Strategie für eine bestimmte Situation diskutiert.

Zur Durchführung der Rollenspiele ist zu bemerken, daß für viele Kinder das Interesse am „Spielen“ der Geschichten deutlich stärker ist als am „Auswerten“ der Rollenspiele. Ebenso kann damit gerechnet werden, daß die ersten Rollenspiele zunächst wenig zielorientiert und strukturiert ablaufen. Aufgrund von Unsicherheiten verhalten sich manche Kinder zunächst eher „albern“. Der Trainingsleiter sollte den Kindern daher in ein oder zwei Durchgängen die Möglichkeit geben, die Geschichten so zu spielen, wie sie es möchten, um sich an die Situation zu gewöhnen.

Ein nachlassendes Interesse der Kinder an der Auswertung der Rollenspiele sollte den Trainingsleiter nicht entmutigen. Wie sich in der Evaluation der Rollenspiele zeigte, wird bereits mit dem Spielen ein deutlicher Trainingserfolg erzielt. Sollte sich kein Kind für die Besetzung einer „unattraktiven“ Rolle finden, kann diese zunächst vom Trainingsleiter übernommen werden.

„Ich möchte Euch jetzt eine Geschichte von Paul erzählen. Hört genau zu und überlegt Euch, warum Paul Streß hat, damit wir danach überlegen können, was Paul machen kann, damit er sich besser fühlt und zufriedener ist. Das wollen wir dann auch zusammen spielen.

Paul hatte sich sehr gefreut, als er endlich in die Schule kam. Und er war in der ersten und zweiten Klasse ein guter Schüler. Seine Eltern haben ihn auch deswegen oft gelobt. Als er in der vierten Klasse ist, schreibt er eine Mathearbeit. Einen Tag später gibt die Lehrerin die Arbeiten zurück. Zu Paul sagt sie: ‚Diese Arbeit war ja ganz schön schwer für dich‘. Paul wird ganz blaß im Gesicht, als er seine Note sieht. Er macht das Heft schnell zu und packt es weg. Er kann gar nicht glauben, daß er so viele Fehler gemacht hat. Paul geht nach Hause. Es ist ihm peinlich, daß er eine so schlechte Note bekommen hat und möchte am liebsten, daß es keiner erfährt. Als er zu Hause ankommt, fragt seine Mutter ihn, wie es denn heute in der Schule gelaufen ist und Paul wird ganz komisch zumute. ‚Gut‘ stammelt er heraus und geht schnell in sein Zimmer. Als er zum Abendessen kommt, ist ihm immer noch nicht wohl, aber er weiß nicht, was er tun soll.

Wie fühlt sich Paul? Könnte sowas wirklich passieren?“

Anheften der Situationskarte an die Streßwaage.

„Was glaubt Ihr, sollte Paul machen, damit er sich wieder besser fühlt?“

Ablaufschema des Rollenspiels

A Sammeln von Vorgehensweisen:

Wenn von den Kindern nicht genannt: „Mit anderen darüber sprechen, daß es ihm schlecht geht."

„Wir werden jetzt spielen, wie die Geschichte weitergehen kann, damit sich Paul besser fühlt und weniger Streß hat."

B Auswahl der Rollenspieler/ Analyse der zu spielenden Rollen:

Welche Personen spielen mit?
Wer spielt welche Rolle?

C Aufbau der Szene/Festlegung des Handlungsvolumens:

„Wir spielen die Geschichte ab dort, wo Paul mit seinen Eltern (Geschwistern) beim Abendbrot sitzt. Hier ist die Bühne. Wir brauchen einen Tisch. Hier ist die Tür..."

D Einstimmung auf die Rollen:

Zu Paul: „Du bist Paul. Du fühlst Dich ganz schön mies wegen der Arbeit und hast gar keinen richtigen Hunger. Du würdest froh sein, wenn Du Dich endlich besser fühlen würdest. Deshalb versuchst Du ..."
(Auswahl einer der gesammelten Strategien).

Zur Mutter: „Du bist Pauls Mutter. Du wunderst Dich, daß Paul heute keinen Hunger hat. Abends ißt er doch sonst immer wie ein Scheunendrescher."

Zum Vater: „Du bist Pauls Vater. Auch Du möchtest wissen, warum Paul so still ist."

E Instruktion der Beobachter:

„Ihr seid die Beobachter: Schaut genau hin, was Paul unternimmt, damit er sich besser fühlt, und ob es klappt. Und seht Euch auch an, was die anderen dann machen. Fragt Euch beim Zusehen: Könnte das wirklich so passieren? Wie fühlt sich Paul?"

F Beginn des Rollenspiels:

Anfang und Ende durch Beifall ankündigen, Dauer ca. 5-7 Minuten.

G Diskussion/Erfahrungsaustausch:

Befragung der Darsteller:
„Was ist geschehen? Wie habt Ihr Euch gefühlt?"

Im Anschluß Entlassung aus den Rollen:
„So jetzt bist Du nicht mehr X, sondern wieder Y."

Befragung der Zuschauer:
- Was habt Ihr beobachtet?
- Was hat Paul gegen seinen Streß unternommen?
- Wie fühlt sich Paul jetzt?
- (Strategie zur Streßwaage heften)
- Kennt Ihr so etwas auch?
- Fallen Euch andere Möglichkeiten ein, wie die Geschichte weitergehen kann?

Wiederholung des Rollenspiels mit anderen Darstellern.

Zwischendurch:

Übung zur Beruhigung/Entspannung: Kurzform der Progressiven Muskelentspannung.

Nach Abschluß der Rollenspiele:

„Fallen Euch noch weitere Gelegenheiten ein, wann es bei Streß helfen kann, mit anderen zu sprechen? Vielleicht können wir dazu in den nächsten Wochen noch weitere Geschichten spielen."

Situationen auf Karteikarten notieren und zur Streßwaage heften.

• Progressive Muskelrelaxation: Kurzform

Ziele: • Die Entspannungsfähigkeit der Kinder wird vertieft

Dauer: 10 Minuten

Material: Keines

Beschreibung: Mit den Kindern wird die Wirkung der Kurzfassung der Progressiven Muskelrelaxation erprobt. Dabei werden mehrere Muskeln aus der Langfassung zusammengefaßt.

„Wir wollen heute anfangen, die Entspannungsübungen kürzer zu machen. Denn manchmal, wenn man Streß hat, hat man gar nicht so viel Zeit, eine lange Entspannungsübung zu machen. Wer aber die Muskelentspannung regelmäßig übt, der darf auch manchmal mehrere Muskeln gleichzeitig anspannen, um sich schneller zu entspannen. Heute werden wir erst einmal einige Muskeln zusammenfassen. Demnächst werden wir versuchen, alle Muskeln gleichzeitig anzuspannen, dann machen wir die ‚Blitzentspannung'. Das kann man dann auch in der Schule machen, z.B. vor einer Arbeit, ohne daß andere Kinder das merken.

Die Kurzentspannung und die ‚Blitzentspannung' funktionieren nur dann, wenn man die normale Entspannung regelmäßig übt.

Setzt Euch alle möglichst bequem auf Euren Stuhl. Der Rücken ist angelehnt und die Füße stehen auf dem Boden. Laßt Eure Hände ganz locker auf den Beinen liegen. Und jetzt schließt Eure Augen und öffnet sie erst, wenn ich es Euch sage. Wenn Ihr Eure Augen nicht länger geschlossen halten könnt, schaut einfach auf den Boden. Denkt daran, genau das zu machen, was ich Euch sage, es ganz stark zu machen und genau darauf zu achten, was Euer Körper dabei macht. So, und jetzt fangen wir an:

Richte nun Deine Aufmerksamkeit auf Deinen Atem. Nimm einige Atemzüge durch die Nase und atme dann langsam wieder aus. Du merkst, wie die Luft kühl durch die Nase einströmt und dann beim Ausatmen wieder warm hinausfließt. Du beobachtest auch, wie sich Dein Bauch beim Einatmen hebt und beim Ausatmen wieder langsam senkt.

Mach als erstes mit Deinen Händen und Armen eine Pose wie ein Bodybuilder. Spanne Deine Hände und Arme ganz fest an. Und nun laß Deine Arme und Hände wieder fallen und ganz locker werden und beobachte den Unterschied zwischen der Anspannung vorher und der Entspannung jetzt.

Und noch einmal: Spanne Hände und Arme ganz fest an. Und nun laß sie wieder ganz locker werden. Vielleicht kribbeln sie ein wenig, vielleicht fühlen sie sich auch schwer an oder warm. Vielleicht merkst Du aber auch gar nichts Besonderes.

Jetzt wende Deine Aufmerksamkeit Deinem Gesicht und Deinen Schultern zu: Runzel die Stirn, rümpfe die Nase, beiß Deine Zähne zusammen und zieh Deine Schultern hoch bis zu den Ohren. Beobachte die Spannung in Deinem Gesicht und Deinen Schultern. Und jetzt mach Dein Gesicht wieder ganz glatt, laß Deine Schultern wieder hängen und laß Deine Muskeln wieder weich werden und entspannt.

Noch einmal: Runzel die Stirn, rümpfe die Nase, beiß Deine Zähne zusammen und zieh Deine Schultern hoch bis zu den Ohren. Beobachte die Spannung in Deinem Gesicht und Deinen Schultern. Und jetzt mach Dein Gesicht wieder ganz glatt, laß Deine Schultern wieder hängen und laß Deine Muskeln wieder weich werden und entspannt. Du spürst, wie angenehm es ist, die Muskeln zu entspannen.

Nun spanne Deinen Po, Deine Beine und Füße und Deinen Bauch so fest wie möglich an, als ob Du ein langes Seil hochkletterst. Nun entspanne und beobachte den Unterschied.

Und noch einmal: Spanne Deinen Po, Deine Beine und Füße und Deinen Bauch so fest wie möglich an und halte die Spannung einen Moment. Nun entspanne all Deine Muskeln wieder und beobachte den Unterschied. Laß die Entspannung sich ausbreiten: durch Deine Beine, in Deine Füße bis in die Zehenspitzen... durch Deinen Po... Deinen Bauch... Deine Brust... Und laß das angenehme Gefühl der Entspannung weiter strömen durch die Schultern und den Nacken in Dein Gesicht... und durch die Arme und Hände bis in Deine Fingerspitzen. Genieße noch ein wenig das Gefühl der Entspannung und Ruhe."

Nach 1 Minute:

„Nun stelle Dich darauf ein, die Entspannung bald zu beenden. Du weißt, daß Du diese Entspannung jedesmal wiederholen kannst, wenn Du aufgeregt oder nervös bist. Balle nun Deine Hände ein paar Mal zu Fäusten und atme tief durch. Räkel und strecke Dich, bis Du richtig wach bist und öffne Deine Augen."

Auswertungsfragen:

- Wie hat Euch die Kurzentspannung gefallen?
- Was war leicht?
- Was war schwierig?

„Wer dazu Lust hat, kann die Kurzentspannung zu Hause ausprobieren. Ihr könnt das z.B. ganz gut vor oder nach den Hausaufgaben machen, wenn Ihr auf dem Stuhl am Tisch sitzt. Aber nicht vergessen: Die Kurzentspannung funktioniert nur dann, wenn man auch die normale Entspannung regelmäßig übt."

• Besprechung der Hausaufgabe: Indianerschrei und Sprung in die Wachheit

Ziele:
- Die Kinder kennen Streßsituationen, in denen diese Strategien angewendet werden können

Dauer: 10 Minuten

Material: Keines

Beschreibung: In der vergangenen Doppelstunde wurden Situationen geplant, in denen die Kinder den Indianerschrei oder den Sprung in die Wachheit ausprobieren. In der heutigen Sitzung werden Erfahrungen ausgetauscht.

„Bei unserem letzten Treffen haben wir Gelegenheiten geplant, in denen man den Indianerschrei oder den Sprung in die Wachheit machen kann. Wer weiß denn noch, wie diese Übungen aussehen und möchte sie vormachen?"

Die beiden Übungen werden gemeinsam durchgeführt.

„Wer von Euch hat den Indianerschrei oder den Sprung in die Wachheit zu Hause oder in der Schule ausprobiert? Wer möchte davon erzählen?“

Auswertungsfragen:

- Wann hast Du das gemacht?
- Was ist dann passiert?

• „Was ich bei Streß alles tun kann“ - Liste

Ziele: • Jedes Kind hat eine Liste mit Streßbewältigungsstrategien, auf die es bei Bedarf zurückgreifen kann

Dauer: 10 Minuten

Material: Arbeitsblatt „Was ich bei Streß alles tun kann“ (Materialheft)

Beschreibung: Die Kinder tragen im Laufe des Streßbewältigungstrainings, jeweils am Ende einer Sitzung, die erarbeiteten Streßbewältigungsstrategien in ein Arbeitsblatt aus dem Materialheft ein. Dabei kann es sich um Strategien handeln, die das Kind bereits verwendet, aber ebenso um solche Strategien, von denen es glaubt, daß es sie anwenden wird. Die Liste soll nach Abschluß des Trainings an einem gut sichtbaren Platz im Zimmer des Kindes aufgehängt werden.

„Damit Ihr auch zu Hause immer wißt, was Ihr tun könnt, wenn Ihr Streß habt, bekommt jeder von Euch eine eigene Liste. Hier könnt Ihr in den nächsten Wochen alles eintragen, was Ihr tun oder denken könnt, um Euch bei Streß wieder wohl zu fühlen. Dazu habt Ihr immer am Ende unseres Treffens Zeit. Wenn der Kurs zu Ende ist, verwahrt die Liste an einem Platz, an dem Ihr sie immer findet, wenn Ihr sie braucht. Ihr könnt sie dann auch in Eurem Zimmer aufhängen.

Jetzt habt Ihr ein wenig Zeit, um schon einiges in die Liste einzutragen. Ihr könnt all das hineinschreiben, was Ihr bei Streß machen könnt. Einige Sachen habe ich Euch ja auch schon gezeigt (z.B. Muskelentspannung, ...).“

• „Ich bin stolz“ - Rundblitz

Dauer: 5 Minuten

Siehe erste Doppelstunde

• Zusammenfassung der Doppelstunde und Ausblick

Dauer: 5 Minuten

Hinweis für die fünfte Doppelstunde:
Die Kinder sollen zur nächsten Sitzung Bunt- oder Filzstifte mitbringen.

5. Fünfte Doppelstunde

In dieser Doppelstunde wird ein zweiter Block Rollenspiele zum Thema „Sich über Streß mitteilen" durchgeführt. Sich auszuruhen und zu erholen und den Anspruch auf dieses Bedürfnis durchzusetzen, sind wichtige palliative und instrumentelle Bewältigungsstrategien, die den zweiten Schwerpunkt dieser Doppelstunde darstellen.

• Rückblick auf die vierte Doppelstunde, „offene Runde" und Ausblick

Dauer: 5 Minuten

Beschreibung: siehe zweite Doppelstunde

• Rollenspiele „Geärgert werden"

Ziele:

- Die Streßbewältigungsstrategie „Sich über Streß mitteilen" wird handlungsmäßig erprobt
- Die Kinder kennen Vor- und Nachteile dieser Strategie
- Die Kinder kennen Situationen, in denen diese Strategie angemessen ist

Dauer: 30 Minuten

Material: Keines

Beschreibung: Die Strategie „Sich über eigenes Streßerleben mitteilen" wird weiter in Rollenspielen erprobt und bewertet. Dabei geht es in dieser Sitzung um das Thema „Konflikte mit anderen Kindern". Auch in dieser Doppelstunde können vom Trainingsleiter und den Kindern eigene zu spielende Situationen vorgeschlagen werden.

„Ich möchte Euch jetzt eine Geschichte von Gerlinde erzählen. Hört genau zu und überlegt Euch, warum Gerlinde Streß hat, damit wir danach überlegen können, was Gerlinde machen kann, damit sie sich besser fühlt und zufrieden ist. Das wollen wir dann auch zusammen spielen.

In der großen Pause spielen die Kinder auf dem Pausenhof. Tanja schlägt vor, gemeinsam etwas zu spielen. Sie entschließen sich zu dem Spiel ‚Blinde Kuh'. Gerlinde, die auch in der Nähe ist, freut sich besonders: Sie darf anscheinend auch mitspielen! Das kommt nicht oft vor. Wegen ihrer dicken Brille machen sich viele Kinder über Gerlinde lustig. Doch heute ist es anscheinend anders. Ihre Freude soll aber nicht lange dauern. Gerhard sagt nämlich gerade: ‚Gerlinde komm, Du darfst die Blinde Kuh sein. Bei Dir brauchen wir die Augen nicht zuzubinden, weil Du sowieso nichts siehst!' Die Kinder lachen, aber Gerlinde hat auf einmal solche Wut, daß sie wegläuft und weint.

Wie fühlt sich Gerlinde? Könnte so etwas wirklich passieren?"

Anheften der Situationskarte an die Streßwaage.

„Was glaubt Ihr, sollte Gerlinde machen, damit sie sich wieder besser fühlt?"

Ablaufschema des Rollenspiels

A Sammeln von Vorgehensweisen:

Wenn von den Kindern nicht genannt: „Mit anderen darüber sprechen, daß es ihr schlecht geht."

„Wir werden jetzt spielen, wie die Geschichte weitergehen kann, damit sich Gerlinde besser fühlt und weniger Streß hat."

B Auswahl der Rollenspieler/ Analyse der zu spielenden Rollen:

Welche Personen spielen mit?
Wer spielt welche Rolle?

C Aufbau der Szene/Festlegung des Handlungsvolumens:

„Wir spielen die Geschichte ab dort, wo Tanja Gerlinde fragt, ob sie mitspielen will. Hier ist die Bühne.“

D Einstimmung auf die Rollen:

Zu Gerlinde: „Du bist Gerlinde. Du fühlst Dich ganz schön mies, weil die anderen so gemein zu Dir sind. Du würdest froh sein, wenn Du Dich endlich besser fühlen würdest. Deshalb versuchst Du ... .“ (Auswahl einer der gesammelten Strategien).

Zu Tanja: „Du bist Tanja. Gerlinde tut Dir leid, weil sie nie gefragt wird, ob sie mitspielen will.“

Zu Gerhard: „Du bist Gerhard. Du weißt, daß Gerlinde von den anderen Kindern immer ausgelacht wird und daß die anderen Kinder Spaß haben, wenn Du sie ärgerst.“

E Instruktion der Beobachter:

„Ihr seid die Beobachter: Schaut genau hin, was Gerlinde unternimmt, damit sie sich besser fühlt. Und seht Euch auch an, was die anderen dann machen. Fragt Euch beim Zusehen: Könnte das wirklich so passieren? Wie fühlt sich Gerlinde?“

F Beginn des Rollenspiels:

Anfang und Ende durch Beifall ankündigen, Dauer ca. 5-7 Min.

G Diskussion/Erfahrungsaustausch:

Befragung der Darsteller:
„Was ist geschehen? Wie habt Ihr Euch gefühlt?“

Im Anschluß Entlassung aus den Rollen:
„Du bist jetzt nicht mehr X, sondern wieder Y.“

Befragung der Zuschauer:

- Was habt Ihr beobachtet?
- Was hat Gerlinde gegen ihren Streß unternommen?
- Wie fühlt sich Gerlinde jetzt?
- (Strategie zur Streßwaage heften)
- Kennt Ihr so etwas auch?
- Fallen Euch andere Möglichkeiten ein, wie die Geschichte weitergehen kann?

Wiederholung des Rollenspiels mit anderen Darstellern.

Zwischendurch:

Auflockerungsspiel

Nach Abschluß der Rollenspiele:

„Fallen Euch noch weitere Gelegenheiten ein, wann es bei Streß helfen kann, mit anderen zu sprechen?“

Situationen auf Karteikarten notieren und zur Streßwaage heften.

• Auflockerungsspiel „Clown“

Ziele:
- Entspannung der Atmosphäre
- Die Kinder kennen Situationen, in denen diese Strategie angemessen ist

Dauer: 10 Minuten
Material: Keines

Beschreibung: Dieses Spiel ist eine Abwandlung von „Alle Vögel fliegen hoch". Die Kinder stehen im Kreis, und ein Kind ist der Clown, der eine lustige Bewegung macht. Nach kurzer Zeit sagt das Kind entweder „So", dann müssen alle anderen die Bewegung nachmachen oder das Kind sagt „So nicht", dann dürfen die Kinder sich nicht bewegen. Bewegt sich doch ein Kind, dann ist dieses Kind als Clown an der Reihe.

„Heute zeige ich Euch ein Auflockerungsspiel, das heißt ‚Clown'. Dazu stellen wir uns im Kreis auf.

Einer von uns ist gleich der Clown und macht eine lustige Bewegung. Dazu sagt der Clown entweder ‚So', dann müssen wir alle die Bewegung nachmachen. Oder der Clown sagt ‚So nicht', dann dürfen wir uns nicht bewegen. Wenn sich jemand trotzdem bewegt, dann ist er als Clown an der Reihe. Ich fange als Clown an."

Demonstration

• Fallgeschichte „Harald Hetzig"

Ziele: • Die Kinder wissen um die Bedeutung von Ruhepausen

Dauer: 15 Minuten

Material: Keines

Beschreibung: Die Fallgeschichte „Harald Hetzig" leitet den Streßbewältigungsschwerpunkt „Ruhe und Erholung" ein. Den Kindern soll dabei verdeutlicht werden, wie wichtig es ist, zwischen Phasen der Anspannung und Aktivität Pausen für Ruhe und Erholung einzulegen. Der Trainingsleiter liest die Geschichte zunächst vor und im Anschluß werden Lösungsstrategien gesammelt.

„Heute werde ich Euch die Geschichte von einem Jungen erzählen, der manchmal sehr viel Streß hat. Ich werde Euch die Geschichte von Harald Hetzig vorlesen und im Anschluß wollen wir gemeinsam überlegen, warum Harald Hetzig Streß hat und was er am besten dagegen machen kann.

Harald Hetzig ist 10 Jahre alt und geht in die vierte Klasse einer Grundschule in Zwergendorf. An manchen Tagen hat Harald Hetzig so viel vor, daß er nicht mehr weiß, wo ihm der Kopf steht. Einen solchen Tag aus dem Leben des Harald Hetzig werden wir uns jetzt anschauen:

Es ist ein Montag im Mai und schon beim Frühstück wird Harald Hetzig ganz nervös, wenn er überlegt, was er heute alles tun muß: Vier Stunden Schule, dann schnell Mittagessen und Hausaufgaben machen, denn um Drei muß Harald beim Flötenunterricht sein. Das geht bis um Vier. Um halb Sechs hat Harald Fußballtraining bis Sieben. Zwischen Flötenunterricht und Fußballtraining will er noch schnell bei der Geburtstagsfeier seines Freundes Stefan vorbeischauen, denn dort ist es immer so lustig, und das will er auf keinen Fall verpassen.

Als Harald nach der Schule zu Hause angekommen ist, wirft er seinen Tornister in sein Zimmer und schaufelt sich schnell das Mittagessen rein. Anschließend geht es an die Hausaufgaben: Rechenaufgaben für Mathe. Am Anfang geht es ja noch ganz gut. Aber dann dauert es immer länger, bis Harald das Ergebnis einfällt.

Er ist mit seinen Gedanken schon beim Flötenunterricht ..., bei der Geburtstagsfeier... , ach und dann war da ja auch noch das Fußballtraining. Und während er so grübelt, klingelt es an der Haustür. Birgit ist da, sie will ihn zum Flötenunterricht abholen. Also, schnell das Matheheft zugeklappt, ‚den Rest mache ich heute abend', denkt Harald und auf geht's.

Beim Flötenunterricht angekommen stellt Harald fest, daß er seine Noten zu Hause liegengelassen hat. Pech, so muß er halt bei Birgit mit in die Noten schauen. Aber heute klappt das Zusammenspiel überhaupt nicht. Ständig verpennt Harald seine Einsätze, er kann sich überhaupt nicht richtig konzentrieren. So bringt er also auch dies mehr schlecht als recht hinter sich und weiter geht's.

Bei der Geburtstagsfeier seines Freundes sitzen alle schon am Tisch und essen Kuchen. ‚Schön, daß du's noch geschafft hast', sagt Stefan. Als Harald gerade sitzt, haben die Kinder die Idee, Stille Post zu spielen: Stefan denkt sich einen Satz aus und flüstert ihn Anja zu, diese erzählt das, was sie verstanden hat, leise dem nächsten Kind. Als Harald als letzter an der Reihe ist, hört man nur ein leises ‚Ratze püüh, ratze püüüh'. Und als sich die anderen Kinder Harald anschauen, stellen sie fest, daß seine Augen geschlossen sind. Harald war während des Spiels eingeschlafen. Durch das Gelächter der anderen geweckt wird Harald wach und fragt ganz verwirrt, wo er ist. Es ist ihm peinlich, aber lange braucht er hier ja auch nicht mehr zu bleiben: Gleich hat er Fußballtraining.

Beim Fußballtraining werden die Kinder heute mal so richtig rangenommen. Endlich um Sieben wieder zu Hause angekommen schmeißt sich Harald sofort auf sein Bett und als er wieder wach wird, hört er seine Mutter sagen: ‚Harald, es wird Zeit, daß Du aus den Federn kommst, sonst bist Du nicht mehr rechtzeitig in der Schule'."

Auswertungsfragen:

- Warum hat Harald Hetzig Streß?
- Was könnte Harald Hetzig machen, um weniger Streß zu haben?
- Habt Ihr so einen Tag auch schon einmal erlebt?
- Was habt Ihr gemacht, um weniger Streß zu haben?

Der Kursleiter notiert die genannten Situationen und Strategien.

Wenn von den Kindern nicht angesprochen:

„Manchmal kann es bei Streß gut sein, daß man eine Pause macht oder sich ausruht. Was macht Ihr, wenn Ihr Euch ausruhen und erholen wollt?"

• Auflockerungsspiel „Zusammen Aufstehen"

Ziele: • Die Kinder können sich nach einer Phase der Konzentration erholen

Dauer: 5 Minuten

Material: Keines

Beschreibung: Zwei Kinder versuchen, Rücken an Rücken und mit verschränkten Armen am Boden sitzend, gemeinsam aufzustehen.

„Nachdem wir jetzt so viel geredet haben, wollen wir wieder kurz etwas machen, um uns zu erholen. Alleine aufstehen ist ja ganz einfach, aber wir wollen das jetzt einmal zu zweit probieren.

Stellt Euch jeweils zu zweit auf, Rücken an Rücken und verschränkt die Arme ineinander. Nun setzt Euch gemeinsam hin und zieht die Füße an Euren Po. So, und nun versucht, zusammen, mit verschränkten Armen, aufzustehen. Schiebt Euch Rücken an Rükken hoch. ...

Könnt Ihr das auch mit drei, vier ... zehn Kindern?"

• Anfertigen von „Bitte nicht stören" - Schildern

Ziele:
- Die Kinder erfahren, daß es wichtig sein kann, sich manchmal für eine Weile zurückzuziehen
- Die Kinder lernen, wie sie sich für eine Weile zurückziehen können

Dauer: 15 Minuten

Material: DIN A 4 Pappbogen, Malstifte

Beschreibung: Damit den Kindern ein Instrument zur Verfügung steht, um den Anspruch auf Ruhe und Ungestörtsein durchsetzen zu können, malen die Kinder ein „Bitte nicht stören" - Schild. Jedes Kind erhält einen DIN A 4 Pappbogen, den es nach eigenen Vorstellungen bemalen kann. Das Schild ist so zu gestalten, daß niemand es wagt, den Raum zu betreten, wenn es das Schild aufhängt. Der Trainingsleiter sollte aber darauf achten, daß die Schilder niemanden beleidigen oder verletzen. Auf die Rückseite kann etwas Positives geschrieben werden.

„Gerade habe ich Euch die Geschichte von Harald Hetzig erzählt. Harald Hetzig hat nie eine Pause gemacht und hat sich nie erholt.

Vielleicht habt Ihr auch schon erlebt, daß es manchmal ganz schön schwierig ist, seine Ruhe zu haben. Oft platzt plötzlich jemand ins Zimmer, wenn man eigentlich nicht gestört werden möchte. Deswegen habe ich Euch diese Schilder mitgebracht, die jetzt jeder so bemalen kann, daß sich niemand mehr ins Zimmer hineintraut, wenn Ihr dieses Schild vor die Tür hängt. Es sollen richtige ‚Bitte nicht stören/Vorsicht Lebensgefahr/Nicht eintreten/Zutritt zu Zimmer verboten - Schilder' werden. Malt sie so, daß sich auch wirklich niemand hineintraut, wenn Ihr Euer Schild aufgehängt habt. Ihr solltet aber darauf achten, daß Ihr damit niemandem weh tut.

Auf die Rückseite könnt Ihr etwas malen und schreiben, damit andere sehen, daß sie zu Euch hereinkommen sollen. Denn manchmal ist man auch froh, wenn jemand ins Zimmer kommt."

• Hausaufgabe: Ausprobieren der „Bitte nicht stören" - Schilder

„Bis zum nächsten Mal könnt Ihr die ‚Bitte nicht stören' - Schilder zu Hause ausprobieren.

Dann können wir in der nächsten Woche darüber sprechen, wie gut diese Schilder wirken und ob sie manchmal helfen können, ein wenig Ruhe zu haben. Wer hat schon eine Idee, wann er das machen möchte?"

• Zusammenfassung der Doppelstunde und Ausblick

Dauer: 10 Minuten

Beschreibung: Die Kinder heften die erarbeiteten Karteikärtchen und die „Bitte nicht stören" - Karte an die Streßwaage und tragen die Streßbewältigungsstrategien in die „Was ich bei Streß alles tun kann" - Liste ein.

Hinweis für die sechste Doppelstunde:
Die Kinder sollen zur nächsten Sitzung Bunt- oder Filzstifte mitbringen.

6. Sechste Doppelstunde

Neben der Schule haben viele Kinder verschiedene Freizeitaktivitäten, die ebenfalls Leistungsanforderungen stellen. Je nach der Anzahl solcher Aktivitäten und der Intensität, mit der sie betrieben werden, ist die „Freizeit" der Kinder mehr oder weniger verplant. Mangelnde „freie Zeit" und seltene Gelegenheiten zum spontanen Spielen als Stressoren werden in dieser Doppelstunde problematisiert. Als Streßbewältigungsstrategien werden das Spielen, einfach „nur" Spaß haben und das tun, wozu man gerade Lust hat, in den Mittelpunkt gerückt. Denn Handeln ohne Leistungs- und Zeitdruck stellt einen wichtigen Ausgleich zu Belastungen dar.

• Rückblick auf die fünfte Doppelstunde, „offene Runde" und Ausblick

Dauer: 5 Minuten

Beschreibung: siehe zweite Doppelstunde

• Auswertung der Hausaufgabe: Aufhängen der „Bitte nicht stören"-Schilder

Ziele:
- Die Kinder kennen Vor- und Nachteile, die mit dem „Bitte nicht stören" - Schild verbunden sind

Dauer: 10 Minuten

Material: Keines

Beschreibung: Mit den Kindern werden die Erfahrungen beim Aufhängen der „Bitte nicht stören" - Schilder besprochen.

> „Wer hat seit unserem letzten Treffen sein ‚Bitte nicht stören' - Schild aufgehängt? Wer möchte erzählen, was passiert ist?"
>
> **Auswertungsfragen:**
> - Wann hast Du das Schild aufgehängt?
> - Hat es jemand gewagt, in Dein Zimmer zu kommen?
> - Wenn ja: Was kannst Du beim nächsten Mal anders machen?

• Erstellen eines Wochenterminplans

Ziele:
- Die Kinder kennen die Bedeutung von Spielen und Spaß haben als Belastungsausgleich

Dauer: 30 Minuten

Material: Wochenplan

Beschreibung: Eine Fallgeschichte führt in die Thematik der verplanten Freizeit ein. Im Anschluß malen die Kinder ihren eigenen Wochenplan. Damit die Kinder nicht zu viel schreiben müssen, wird dieser Plan durch farbige Flächen gestaltet, z.B.: rote Flächen = verplante Zeit (Schule, Hausaufgaben, Schwimmverein, Flötenunterricht, ...); grüne Flächen = freie, unverplante Zeit. Im Anschluß können die Kinder ihren Plan vorstellen und erzählen, was sie in der verplanten bzw. freien Zeit machen. Sollten Kinder zu viel verplante Zeit beklagen, so werden Lösungsmöglichkeiten gesucht (u.U. auch zusammen mit den Eltern am Elternabend).

> „Heute geht es darum, wann Kinder Streß haben können, wenn ihre ganze Zeit verplant ist. Da gibt es z.B. die Geschichte von Petra Plan. Sie heißt so, weil ihre Woche ganz verplant ist. Ständig muß sie irgendwo hingehen, fast nie hat sie Zeit, das zu tun, wozu sie gerade Lust hat. Morgens ist sie natürlich in der Schule und nachmittags nach den

Hausaufgaben hat sie mal Musikunterricht und dreimal in der Woche Sport:

Sie geht zum Schwimmen und zum Tennis. Am Wochenende muß sie dann zu den Wettkämpfen. ‚Gut daß es die Wettkämpfe nur beim Schwimmen gibt und noch nicht beim Tennis', denkt sie manchmal: Sonst wüßte sie gar nicht, wo sie die Zeit hernehmen soll, um überall dabei zu sein.

Weil Petra Plan immer irgendwo hin muß, ist sie manchmal ganz traurig, wenn ihre Freundinnen sich morgens in der Schule verabreden, um nachmittags zum Spielplatz zu gehen. Dort treffen sie sich, um über dieses und jenes zu reden; was eben gerade wichtig ist, oder sie basteln etwas oder hören Musik. Petra hat eigentlich nie Zeit, um dabei zu sein.

Deshalb hat Petra Plan wegen Ihrer vielen Termine oft Streß. Sie wünscht sich oft, einfach mal das zu tun, was ihr gerade einfällt:

Ein Buch anschauen, faulenzen, Musik hören, mit einer Freundin telefonieren, mit dem Bruder etwas spielen ... ."

An die Kinder:

„ ... worauf könnte sie noch Lust haben?"

„Einmal hat sie geträumt, sie wäre Mitglied im ‚Tennflöschwimmverein 09 e.V.'. Dort wird einmal in der Woche ‚Tennflöschwimm' gespielt. Zwei Mannschaften schwimmen - durch ein Netz voneinander getrennt - in einem Schwimmbecken und versuchen einen Ball mit einer dicken Blockflöte über das Netz zu spielen. Den Rest der Woche konnte sie nach den Hausaufgaben immer das machen, wozu sie gerade Lust hatte. Als sie aufwacht, sagt sie sich: ‚So ein bißchen wie im Traum soll es sonst auch sein und da es in meiner Stadt noch keine Tennflöschwimmvereine gibt, muß ich irgend etwas anderes unternehmen.'

Das war die Geschichte von Petra Plan. Bevor wir überlegen, was Kinder wie Petra Plan gegen ihren Streß machen können, möchte ich Euch bitten, Euren eigenen Wochenplan zu malen. In diesen Wochenplan könnt Ihr bunte Kästen einzeichnen: Rote Kästen für verplante Zeit und Termine, die Ihr immer wieder habt: Schule, Hausaufgaben, Sportvereine, Musikunterricht, Kindergruppen; grüne Kästen für die Zeit, in der Ihr tun könnt, was Ihr wollt. Wer mag, kann seinen Plan nachher den anderen vorstellen und sagen, was er bei den roten und grünen Kästen macht."

Vor der Vorstellung der Wochenterminpläne: Auflockerungsspiel, z.B. „Waschstraße".

„Wer möchte seinen Stundenplan vorstellen?"

Auswertungsfragen:
- An welchen Tagen hast Du Streß, weil Du nicht das unternehmen kannst, wozu Du gerade Lust hast?
- Was würdest Du dann gerne machen?
- Warum machst Du das dann nicht?
- Was könntest Du machen, um weniger Streß zu haben?

• Auflockerungsspiel „Waschstraße"

Ziele:
- Nach einer Phase der Konzentration können sich die Kinder bewegen

Dauer: 10 Minuten

Material: Keines

Beschreibung: Die Kinder knien sich - einander gegenüber - hin und bilden eine Gasse: die „Waschstraße“. Der Trainingsleiter ist der Bediener, der sagt, was gemacht wird. Ein Kind krabbelt nun durch die Waschstraße. Dabei wird es zunächst mit den Fingern eingeweicht, von den nächsten Kindern durchgerubbelt, dann kommt die Feinwäsche und zum Schluß werden sie trocken gepustet. Ist das Kind vorne angekommen, verlängert es die Gasse.

„Zur Auflockerung wollen wir nun das Spiel ‚Waschstraße‘ spielen. Dazu bilden wir erst einmal die Waschstraße. Immer zwei Kinder knien sich einander gegenüber auf den Boden. Ich bin der Bediener der Waschstraße. So, jetzt kann der erste von Euch in die Waschstraße krabbeln. An der ersten Station wirst Du richtig eingeweicht. Wasser prasselt auf Deinen Körper.

An der nächsten Station kommt die Grobwäsche: Du wirst richtig durchgerubbelt. Dann kommt die Feinwäsche. Ganz langsam wirst Du sauber gestreichelt. Und am Schluß kommt der Fön. Du wirst ganz, ganz trocken gepustet. Wer fertig ist, bildet vorne wieder eine Gasse und von hinten kann der nächste loskrabbeln.“

• „Was mir alles Spaß macht“ - Liste

Ziele:
- Die Kinder kennen verschiedene Aktivitäten zum Belastungsausgleich

Dauer: 20 Minuten

Material: „Was mir alles Spaß macht“ - Liste

Beschreibung: Um den Kindern einige Aktivitäten zum Belastungsausgleich bewußt zu machen, bearbeiten sie einen Fragebogen (Materialheft), auf dem einige Ausgleichsaktivitäten vorgegeben sind und ergänzen sie um eigene Vorschläge. Zu den unterschiedlichen Aktivitäten können die Kinder angeben, wieviel Spaß sie ihnen machen. Anschließend schätzen die Kinder ein, wie oft sie die Aktivitäten, die ihnen sehr viel oder viel Spaß machen, tatsächlich durchführen. Bei Aktivitäten, die ihnen sehr viel oder viel Spaß machen und die relativ unproblematisch durchzuführen sind, die sie aber schon lange nicht mehr gemacht haben, wird überlegt, was sie an der Ausführung hindert.

„Wenn man häufig Streß hat, ist es wichtig, auch ab und zu Dinge zu tun, auf die man gerade Lust hat. Ich gebe Euch gleich eine Liste mit Dingen, die man machen kann, wenn man gerade Lust darauf hat. Ihr könnt dann überlegen, wie gerne Ihr diese Aktivitäten macht und wie häufig Ihr sie tatsächlich macht. Ihr habt auch die Möglichkeit, Sachen auf die Liste zu schreiben, die Ihr gerne macht, die dort aber noch nicht drauf stehen.“

Im Anschluß:

„Jeder von Euch kann sich nun eine Sache aussuchen, die ihm viel Spaß macht, die ganz leicht zu machen ist, die er aber schon lange nicht mehr gemacht hat. Wir werden dann versuchen, herauszufinden, warum er sie schon so lange nicht mehr gemacht hat.

Wer hat so etwas in seiner ‚Was mir alles Spaß macht‘ - Liste gefunden?“

Auswertungsfragen:
- Warum hast Du das schon lange nicht mehr gemacht?
- Was müßte passieren, damit Du das mal wieder machst?

• Sprung in die Wachheit

Ziele:
- Die Kinder werden an den Sprung in die Wachheit als Streßbewältigungsstrategie erinnert
- Die Kinder können sich bewegen und sich erholen

Dauer: 5 Minuten

Material: Keines

Beschreibung: siehe Dritte Doppelstunde

• Zusammenfassung der Doppelstunde und Ausblick

Dauer: 10 Minuten

Beschreibung: Die Kinder heften die erarbeiteten Karteikärtchen und die „Bitte nicht stören" - Karte an die Streßwaage und tragen die Streßbewältigungsstrategien in die „Was ich bei Streß alles tun kann" - Liste ein.

Hinweis für die siebte Doppelstunde:
Die Kinder sollen zur nächsten Sitzung Bunt- oder Filzstifte mitbringen.

7. Siebte Doppelstunde

Der Einfluß von Gedanken und Bewertungen auf das Streßerleben steht im Mittelpunkt dieser Doppelstunde. Denn Bewertungen sind eine bedeutende Größe im transaktionalen Streßansatz. Darüber hinaus lernen die Kinder eine dritte Variante der Progressiven Muskelrelaxation kennen, die „Blitzentspannung".

• Rückblick auf die sechste Doppelstunde, „offene Runde" und Ausblick

Dauer: 5 Minuten

Beschreibung: siehe zweite Doppelstunde

• Streßinduzierende Gedanken

Ziele: • Die Kinder können streßinduzierende Gedanken identifizieren

Dauer: 25 Minuten

Material: Comic „Negative Gedanken" und Arbeitsblatt „Was ich denke, wenn ich Streß habe" (Materialheft)

Beschreibung: Die Thematisierung von Gedanken als Einflußfaktor kann natürlich nicht derart komplex sein, wie es der transaktionale Streßansatz fordern würde. Eine Vereinfachung erfolgt in der Form, daß bei den „negativen Gedanken" nicht zwischen streßinduzierenden und -begleitenden Kognitionen differenziert wird. Nach der Identifikation dieser „negativen Gedanken" werden in einem zweiten Schritt Gedanken erarbeitet, die eine streßreduzierende Wirkung haben. Diese „positiven Gedanken" werden den Streßbewältigungsstrategien zugeordnet.

Als Einstieg in die Identifikation von streßinduzierenden Gedanken wird eine Bildergeschichte bearbeitet. Dabei soll jedes Bild möglichst genau von den Kindern beschrieben werden. Nach dieser Bildergeschichte können individuelle streßerzeugende Gedanken in das Arbeitsblatt „Was ich denke, wenn ich Streß habe" (Materialheft) eingetragen werden.

> „Heute besprechen wir zwei Bildergeschichten. Wir wollen uns jetzt die erste Bildergeschichte anschauen. Wer von Euch möchte sagen, was auf dem ersten Bild zu sehen ist?"
>
> **Auswertungsfragen:**
> - Warum hat das Kind in der Geschichte Streß?
> - Meint Ihr, daß das, was das Kind denkt, hilft, um sich besser zu fühlen?
> - Welche anderen Gedanken, die Streß machen können, kennt Ihr?
>
> Der Trainingsleiter heftet eine Karte „Streßgedanken" zu den Streßsituationen an die Streßwaage.
>
> „Nicht alle Kinder haben die gleichen Gedanken, die Streß machen. Damit Ihr Eure eigenen Gedanken, die Euch Streß machen, erkennt, könnt Ihr die Gedanken jetzt in das Blatt ‚Was ich denke, wenn ich Streß habe' eintragen."
>
> Im Anschluß:
>
> „Wer möchte seine Streßgedanken vorstellen?"

• Progressive Muskelrelaxation: „Blitzentspannung"

Ziele: • Die Kinder lernen die „Blitzentspannung" als Streßbewältigungsstrategie kennen

Dauer: 10 Minuten

Material: Keines

Beschreibung: In der „Blitzentspannung“ werden alle Muskeln gleichzeitig kurz angespannt und dann wieder entspannt. Eine entspannende Wirkung kann allerdings erst dann erwartet werden, wenn genügend Erfahrungen mit der Lang- und der Kurzform gemacht wurden. Dann kann die „Blitzentspannung“ als kurzfristige Bewältigungsstrategie in konkreten Belastungssituationen, z.B. bei Aufregung vor einer Arbeit oder bevor man vor der Klasse etwas vortragen muß, eingesetzt werden.

Obwohl sicher nicht alle Kinder regelmäßig zu Hause die Progressive Muskelrelaxation üben, sollte diese Methode zumindest einmal mit den Kindern durchgeführt werden. Im Anschluß werden potentielle Streßsituationen gesammelt, in denen die „Blitzentspannung“ als Bewältigungsstrategie eingesetzt werden kann. Es sollte den Kindern dabei die Möglichkeit gegeben werden, über ihre bisherigen Erfahrungen mit der Progressiven Muskelrelaxation zu sprechen.

„Heute möchte ich Euch die ‚Blitzentspannung‘ zeigen. Diese ‚Blitzentspannung‘ kann man überall machen und sie geht so schnell, daß andere es gar nicht mitbekommen. Man kann sie z.B. in der Schule machen, wenn man merkt, daß man Streß hat, daß man nervös und unruhig ist oder vor etwas Angst hat. Ich mache Euch jetzt erst einmal vor, wie die ‚Blitzentspannung‘ funktioniert (Demonstration!). Und nun machen wir die Blitzentspannung gemeinsam:

Setzt Euch alle möglichst bequem auf Euren Stuhl. Der Rücken ist angelehnt und die Füße stehen auf dem Boden. Laßt Eure Hände ganz locker auf den Beinen liegen. Und jetzt schließt Eure Augen und öffnet sie erst, wenn ich es Euch sage. Wenn Ihr Eure Augen nicht länger geschlossen halten könnt, schaut einfach auf den Boden. Denkt daran, genau das zu machen, was ich Euch sage, es ganz stark zu machen und genau darauf zu achten, was Euer Körper dabei macht. So, und jetzt fangen wir an.

Richte Deine Aufmerksamkeit auf Deinen Atem. Nimm einige Atemzüge durch die Nase und atme dann langsam wieder aus. Du merkst, wie die Luft kühl durch die Nase einströmt und dann beim Ausatmen wieder warm hinausfließt. Du beobachtest auch, wie sich Dein Bauch beim Einatmen hebt und beim Ausatmen wieder langsam senkt.

Und nun spanne gleichzeitig alle Muskeln Deines Körpers an: Die Hände und Arme, das Gesicht und die Schultern und den Bauch, die Füße und die Beine. Spüre, wie das Gefühl der Spannung ist. Und nun entspanne all Deine Muskeln wieder und beobachte den Unterschied. Laß die Entspannung sich ausbreiten: durch Deine Beine in Deine Füße bis in die Zehenspitzen... durch Deinen Po... Deinen Bauch... Deine Brust... Und laß das angenehme Gefühl der Entspannung weiter strömen durch die Schultern und den Nacken in Dein Gesicht... und durch die Arme und Hände bis in Deine Fingerspitzen. Genieße noch ein wenig das Gefühl der Entspannung und Ruhe.“

Nach 20 Sekunden:

„Nun stelle Dich darauf ein, die Entspannung bald zu beenden. Balle nun Deine Hände ein paar Mal zu Fäusten und atme tief durch. Räkel und strecke Dich.“

Auswertungsfragen:

- Wie hat Euch diese „Blitzentspannung“ gefallen?
- Wann kann man die „Blitzentspannung“ machen, um weniger Streß zu haben?“

„Blitzentspannung“ als Bewältigungsstrategie zur Streßwaage heften.

„Jetzt kennt Ihr schon drei Möglichkeiten, wie man sich entspannen kann. Die lange Fassung, in der alle Muskeln einzeln entspannt werden, die Kurzfassung, in der einige Muskeln zusammen angespannt werden und die ‚Blitzentspannung‘. Wenn Ihr demnächst zu Hause übt, könnt Ihr Euch aussuchen, ob Ihr die ‚Blitzentspannung' oder die Kurzform machen wollt oder ob Ihr mit der Kassette üben möchtet. Ihr könnt immer das machen, wozu Ihr gerade Lust habt. Damit aber die ‚Blitzentspannung' richtig funktioniert, muß man auch ab und zu die Kurzform und die Langform (z.B. mit der Kassette) üben. Wer von Euch hat denn in den letzten Wochen die Muskelentspannung gemacht?"

Auswertungsfragen:

- Wann und wo hast Du die Entspannung gemacht?
- Wie hast Du Dich nach einer Entspannung gefühlt? Gab es einen Unterschied zu vorher?

• Auflockerungsspiel: „Zublinzeln"

Ziele: • Die Kinder können sich austoben

Dauer: 15 Minuten

Material: Keines

Beschreibung: Mit den Stühlen wird ein Kreis gebildet. Die Kinder bilden Paare, so daß jeweils ein Kind auf einem Stuhl sitzt und sein Partner hinter ihm steht. Ein einzelnes Kind stellt sich hinter einen leeren Stuhl. Dieses Kind lockt - möglichst unauffällig - durch Zublinzeln ein anderes, sitzendes Kind auf seinen freien Platz. Wird einem sitzenden Kind zugezwinkert, so versucht es, möglichst rasch auf den freien Platz zu kommen, wobei sein Partner durch schnelles Umarmen den Platztausch zu verhindern versucht. Ist das Kind dennoch entkommen, so tauscht es mit seinem neuen Partner die Funktion, stellt sich also hinter den Stuhl. Das Kind, das keinen Partner mehr hat, ist nun mit dem „Zublinzeln" an der Reihe.

„Damit wir uns jetzt wieder ein wenig bewegen, möchte ich Euch ein Spiel zeigen, das heißt ‚Zublinzeln'. Kennt Ihr das Spiel?"

Wenn das Spiel nicht bekannt ist, wird es vom Kursleiter erklärt.

• Entlastende Gedanken

Ziele: • Die Kinder kennen eigene positive Gedanken

Dauer: 30 Minuten

Material: Comic „Positive Gedanken" und Arbeitsblatt „Was ich gegen Streß denken kann" (Materialheft)

Beschreibung: Die zweite Bildergeschichte wird bearbeitet. Die Gedankenblasen in dieser Geschichte, die einen positiven Ausgang nimmt, sind nicht beschriftet. Die Kinder bearbeiten diese Bildergeschichte allein. Dabei können sie die Comics auch bunt ausmalen. Im Anschluß wird das Arbeitsblatt „Was ich gegen Streß denken kann" (Materialheft) ausgefüllt. Dort werden positive Gedanken eingetragen, die bei Streß helfen können, z.B. Bewertungen einer Situation als Herausforderung („Das schaff' ich schon") oder Bagatellisierungen („Wird schon nicht so schlimm") oder Gedanken an etwas, was man besonders gut kann.

„Wir haben gerade herausgefunden, daß man sich manchmal durch schlechte Gedanken Streß machen kann oder daß solche Gedanken bei Streß dazu führen, daß er immer schlimmer wird. Ihr bekommt nun eine zweite Bildergeschichte mit leeren Gedankenblasen und jeder von Euch kann sich Gedanken überlegen, um weniger Streß zu haben. Dazu schaut Euch die Geschichte zunächst näher an. Vielleicht möchtet Ihr die Bilder auch bunt anmalen".

Nach 15 Minuten:

„Wer möchte seine Bildergeschichte erzählen?“

Auswertungsfragen:

- Welche Gedanken haben die anderen Kinder in die Geschichte geschrieben?
- Wann könnte es sonst noch gut sein, sich schöne Gedanken zu machen, um weniger Streß zu haben?

Eine Karte „Schöne Gedanken“ wird als Bewältigungsstrategie an die Streßwaage geheftet.

„Jetzt haben wir schon einige schöne Gedanken gesammelt, die helfen können, weniger Streß zu haben. Ich habe hier ein Blatt, das heißt ‚Was ich gegen Streß denken kann‘. Dort kann jetzt jeder von Euch Gedanken aufschreiben, die helfen, weniger Streß zu haben. Ihr könnt die schönen Gedanken einfach in den Kopf einzeichnen“

Im Anschluß:

„Wer möchte gerne vorlesen, was er aufgeschrieben hat?“

„Euch sind wirklich viele schöne Gedanken eingefallen, die helfen, weniger Streß zu haben. Oft sind die schlechten Gedanken aber viel schneller im Kopf als die schönen Gedanken. Damit demnächst die schönen Gedanken schneller sind, wollen wir noch einmal den ‚Ich bin stolz‘ - Rundblitz machen.“

• „Ich bin stolz“ - Rundblitz

Ziele:
- Die Kinder können über eigene Stärken sprechen

Dauer: 5 Minuten

Material: Keines

Beschreibung: siehe erste Doppelstunde

• Zusammenfassung der Doppelstunde und Ausblick

Dauer: 5 Minuten

Beschreibung: Die Kinder heften die erarbeiteten Karteikärtchen und die „Bitte nicht stören“ - Karte an die Streßwaage und tragen die Streßbewältigungsstrategien in die „Was ich bei Streß alles tun kann“ - Liste ein.

Hinweis für die achte Doppelstunde:
Die Kinder sollen zur nächsten Sitzung Bunt- oder Filzstifte mitbringen.

8. Achte Doppelstunde

In der letzten Doppelstunde findet auf spielerische Weise ein Rückblick auf das gesamte Training statt. Dabei wird das Training kritisch beleuchtet. Die Kinder sagen, was ihnen daran gefallen hat und was nach ihrer Meinung besser gemacht werden könnte. Es wird gemeinsam diskutiert, wie die Kinder das Gelernte in Zukunft nutzen können. Bei Interesse kann in dieser Doppelstunde noch einmal eine Entspannungsübung mit der Progressiven Muskelrelaxation durchgeführt werden.

• Rückblick auf die siebte Doppelstunde, „offene Runde" und Ausblick

Dauer: 5 Minuten

Beschreibung: siehe zweite Doppelstunde

• Brainstorming „Bleib locker ..."

Ziele: • Die Kinder reflektieren das Training

Dauer: 25 Minuten

Material: Tapete/Papierbögen

Beschreibung: Es wird eine große Tapete auf dem Boden ausgebreitet, auf die die Kinder all das aus dem Training aufschreiben oder aufzeichnen können, an das sie sich erinnern. Anschließend kann jedes Kind erzählen, was es aufgeschrieben hat. Der Trainingsleiter strukturiert die Antworten nach den Trainingsbausteinen.

> „Da wir uns heute das letzte Mal treffen, überlegen wir noch einmal, was wir alles gemeinsam zu Streß erarbeitet haben. Dazu habe ich diese große Tapete mitgebracht, auf die jetzt jeder - wie bei einem ‚Gedankensturm' - all das aufschreiben oder aufmalen kann, was ihm noch einfällt. Dazu habt Ihr eine Viertelstunde Zeit."
>
> Nach 15 Minuten:
>
> „Wer möchte anfangen und das erzählen, was er aufgeschrieben oder gemalt hat?

• Auflockerungsspiel „Reise nach Jerusalem"

Ziele: • Die Kinder können sich etwas bewegen und sich erholen

Dauer: 15 Minuten

Material: Radio/Kassettenrekorder

Beschreibung: Eine Reihe von Stühlen (immer ein Stuhl weniger als die Anzahl beteiligter Kinder) wird einander gegenübergestellt - Rückenlehne an Rückenlehne. Der Trainingsleiter bedient die Musik, wobei die Kinder um die Stuhlreihen herumgehen. Dann schaltet der Trainingsleiter die Musik aus und jedes Kind versucht, sich auf einen Stuhl zu setzen. Das Kind, das übrig bleibt, scheidet aus. Ein Stuhl wird entfernt und das Spiel geht weiter .... .

(Sollte keine Musik verfügbar sein, kann der Trainingsleiter auch in die Hände klatschen und dabei singen.)

> „Zur Auflockerung machen wir jetzt ein Spiel, das heißt ‚Reise nach Jerusalem'. Wer kennt dieses Spiel? Dazu brauchen wir erst einmal einige Stühle.
>
> Ich mache gleich Musik und Ihr lauft dabei um die Stühle herum. Dann stelle ich die Musik aus und Ihr müßt Euch so schnell wie möglich auf einen Stuhl setzen. Auf jedem Stuhl darf aber nur ein Kind sitzen. Da

wir immer einen Stuhl weniger haben, als Kinder mitspielen, bekommt ein Kind keinen Sitzplatz. Dieses Kind scheidet aus. Wir nehmen einen Stuhl weg und das Spiel geht weiter, bis nur noch ein Kind übrig bleibt. Das hat dann das Spiel gewonnen.“

• Streßquiz

Ziele: • Die im Laufe des Trainings erarbeiteten Streßsituationen und Bewältigungsstrategien werden reflektiert und zueinander in Beziehung gesetzt

Dauer: 25 Minuten

Material: Streßsituations- und Strategiekärtchen

Beschreibung: In einem Ratespiel werden die im Laufe des Trainings erarbeiteten Streßsituationen und Bewältigungsstrategien erneut zueinander in Beziehung gesetzt. Dazu verteilen sich die Kinder auf maximal drei Teams und jedes Team erhält die gleiche Anzahl an Strategiekarten. Der Trainingsleiter erhält die Situationskarten.

Die Teams haben fünf Minuten Zeit, sich die Karten anzusehen. Dann wird eine Situationskarte vom Trainingsleiter angeheftet. Wenn das erste Team eine passende Strategie zu dieser Situation weiß, kann es diese nennen und die Karte zur Streßwaage heften, wenn die Strategie mehrheitlich von allen Teilnehmern und dem Trainingsleiter als geeignet erachtet wird. Wird die Strategie mehrheitlich abgelehnt, darf das nächste Team eine Karte vorschlagen. Wird eine Strategiekarte akzeptiert, hängt der Trainingsleiter eine neue Situation an die Streßwaage und das nächste Team ist an der Reihe. Fällt einem Team keine passende Strategie ein, hat es die Möglichkeit zu passen. Das Ziel des Spiels besteht darin, daß jedes Team versucht, als erstes alle Karten zur Streßwaage zu hängen.

Sollte im Laufe des Spiels der Wettbewerbsgedanke die Reflexion der Karten verdrängen, entscheidet der Trainingsleiter darüber, ob eine Strategiekarte paßt oder nicht.

„Wir haben in den letzten Wochen so viele Karten zum Thema Streß geschrieben und zur Streßwaage gehängt. Damit wir die nicht so schnell wieder vergessen, machen wir jetzt ein Ratespiel. In diesem Ratespiel werden alle ‚Wann man Streß haben kann‘ - Karten und alle ‚Was man gegen Streß tun kann‘ - Karten wieder neu an die Streßwaage geheftet. Ich möchte Euch nun bitten, zwei (oder drei) Teams zu bilden. Jedes Team bekommt dann von mir einige Karten, auf denen etwas steht, was man gegen Streß tun kann. Ihr habt dann fünf Minuten Zeit, Euch die Karten anzusehen.“ ...

Ich werde jetzt eine Karte anheften, auf der steht etwas drauf, ‚Wann man Streß haben kann‘. Das erste Team schaut dann bei seinen Karten nach, ob etwas dabei ist, was man gegen diesen Streß tun kann. Dann stimmen wir alle darüber ab, ob die Karte auch wirklich paßt. Ist die Mehrheit von uns der Meinung, daß die Karte paßt, kann das Team sie an die Streßwaage hängen. Ist die Mehrheit der Meinung, daß die Karte nicht paßt, ist das nächste Team dran. Wenn ein Team meint, keine passende Karte zu haben, kann es auch passen. Das Team, das als erstes alle Karten an die Streßwaage geheftet hat, hat gewonnen. Überlegt also beim Abstimmen genau, ob die Karte auch wirklich paßt.“

• Sprung in die Wachheit

Ziele: • Die Kinder lockern sich auf

Dauer: 5 Minuten

Material: Keines

Beschreibung: siehe dritte Doppelstunde

„Jetzt habt Ihr Euch wieder so angestrengt und so viel gesessen. Damit Ihr nicht gleich einschlaft, machen wir jetzt den Sprung, um wieder wach zu werden. Wer möchte den ‚Sprung in die Wachheit' vormachen? Und jetzt machen wir alle zusammen den ‚Sprung in die Wachheit'."

• „Abschlußinterviews" und Verabschiedung

Ziele:
- Der Trainingsleiter erhält Rückmeldungen zum Training
- Die Kinder denken darüber nach, wie sie das im Training Gelernte in Zukunft verwenden können

Dauer: 10 Minuten

Material: Buntstifte als „Mikrophone"

Beschreibung: Jeweils zwei Kinder (bzw. der Trainingsleiter) interviewen sich gegenseitig. Die anderen Teilnehmer sind Zuschauer. In diesen Interviews können die Kinder Rückmeldungen zum Training geben und gleichzeitig sagen, wie sie das Gelernte in den Alltag umsetzen wollen. Dazu notiert der Trainingsleiter zuvor für die „Reporter" einige Fragen auf Karteikarten. Der Trainingsleiter sollte ebenfalls von einem Kind interviewt werden.

„Bevor wir uns gleich verabschieden und der Kurs zu Ende ist, möchte ich von Euch noch erfahren, wie Euch der Kurs gefallen hat. Ich möchte Euch auch sagen, wie mir der Kurs gefallen hat.

Dazu machen wir jetzt Interviews. Wer weiß, was ein Interview ist?

In einem Interview gibt es immer eine Reporterin oder einen Reporter. Und weil das sehr, sehr neugierige Menschen sind, stellen sie anderen Leuten immer eine Menge Fragen: das nennt man dann ‚Interview'. Und später kann man das Interview dann in der Zeitung lesen, im Radio hören oder im Fernsehen sehen.

Stellt Euch vor, da wäre ein solcher Reporter und der hat gehört, daß es diesen Kurs gibt:

‚Bleib locker'. Der Reporter möchte gerne wissen, was das ist und wie der Kurs Kindern gefällt. Deshalb hält er den Kindern, die bei diesem Kurs mitmachen, sein Mikrofon unter die Nase und stellt ihnen einige Fragen. Das können wir jetzt spielen. Jeder von Euch darf einmal Reporter sein und wird einmal interviewt. Dazu bildet jetzt bitte Zweiergruppen. Die Fragen für den Reporter habe ich auf diese Karten geschrieben."

- Du hast bei dem Kurs mitgemacht. Kommst Du jetzt besser mit Streß klar, bleibst Du locker dabei?
- Wie hat Dir der Kurs gefallen? Was hast Du gut gefunden?
- Was hat Dir nicht gefallen?
- Was hast Du in dem Kurs gelernt, was Du auch nach dem Kurs gegen Streß machen kannst?
- Eine letzte Frage: Wenn Dich Deine beste Freundin/Dein bester Freund fragen würde, ob sie/er auch bei einem solchen Kurs mitmachen soll: Was würdest Du ihr/ihm raten?

„Welche Gruppe möchte anfangen? Als Mikrophone können wir Buntstifte verwenden."

Zum Abschluß wird der Trainingsleiter von einem Kind mit diesem Fragenkatalog interviewt.

9. Zusatzspiele und -übungen

In diesem Kapitel werden einige Zusatzspiele und Zusatzübungen beschrieben, die bei Bedarf eingesetzt werden können. Einige Spiele sind mit viel Bewegung verbunden, eignen sich also für Situationen, in denen die Kinder toben wollen. Andere Spiele bedeuten eher Ruhe und Konzentration und haben zum Ziel, eine sehr unruhige Gruppe zu beruhigen. Es können natürlich vom Trainingsleiter oder den Kindern andere Spiele und Übungen vorgeschlagen werden.

• „Die Maske“

Ziele:
- Die Kinder konzentrieren sich aufeinander
- Die Kinder haben Spaß

Dauer: variabel

Material: Keines

Beschreibung: Die Kinder bilden einen Kreis. Der Trainingsleiter zieht eine Grimasse und das Kind neben ihm muß diese Grimasse imitieren. Dann macht es eine andere Grimasse, die von dem nächsten Kind imitiert wird usw.

> „Ich zeige Euch jetzt ein Spiel, das heißt ‚Die Maske‘. Dazu setzen wir uns alle zu einem Kreis zusammen. Ich denke mir jetzt eine Grimasse aus. Das kann eine liebreizende und wunderschöne oder eine total komische und witzige oder eine absolut furchterregende und schreckliche Grimasse sein. Ich tue so, als ob die Grimasse eine Maske vor meinem Gesicht wäre - und zeige Euch diese Maske.
>
> Jetzt nehme ich die Maske ab und gebe sie X (Sitznachbar). X, Du setzt Dir jetzt meine Maske auf, das heißt, Du machst die gleiche Grimasse wie ich. Dann denkst Du Dir eine neue Grimasse aus, die Du uns zeigst und dann als Maske an den nächsten weitergibst.“

• „Armer schwarzer Kater“

Ziele:
- Die Kinder lernen sich kennen
- Die Kinder haben Spaß

Dauer: variabel

Material: Keines

Beschreibung: Die Kinder bilden einen Kreis. Ein Kind ist der Kater und kann nur aus seiner Rolle erlöst werden, wenn es ihm gelingt, einen Mitspieler durch „Miauen“ zum Lachen zu bringen. Dabei hat der Kater bei jedem Mitspieler drei Versuche. Der Mitspieler entgegnet dem „Miauen“ mit den Worten: „Armer schwarzer Kater“. Wenn der Mitspieler lachen muß, werden die Rollen getauscht.

> „Das Spiel, das wir jetzt spielen, heißt ‚Armer schwarzer Kater‘. Dazu setzen wir uns alle in einen Kreis und ein Kind geht in die Mitte. Das ist der Kater. Wer möchte als erster der Kater sein?“
>
> Der Kater geht in die Mitte.
>
> „Du bist ein verwunschener Prinz/eine verwunschene Prinzessin und kannst erst wieder ein Kind sein, wenn Du es schaffst, mit Deinem ‚Miauen‘ ein anderes Kind zum Lachen zu bringen. Dabei hast Du bei jedem Kind drei Versuche. Nach jedem ‚Miauen‘ sagt das andere Kind ‚Armer schwarzer Kater‘, weil es weiß, daß Du eigentlich ja ein Prinz/eine Prinzessin bist. Wenn das andere Kind bei den drei Versuchen lachen muß,

bist Du erlöst und das andere Kind ist verwunschen. Schaffst Du es nicht, mußt Du zu einem anderen Kind gehen und hast erneut drei Versuche."

- **„Stille Post"**

Ziele:
- Die Kinder konzentrieren sich aufeinander
- Die Kinder haben Spaß

Dauer: variabel

Material: Keines

Beschreibung: Die Kinder sitzen im Kreis und der Trainingsleiter flüstert seinem rechten Sitznachbarn einen Satz zu. Dieser flüstert das, was er vom Trainingsleiter verstanden hat, an den nächsten weiter usw. Am Ende werden der Satz des Trainingsleiters und der Satz, den sein linker Sitznachbar verstanden hat, verglichen.

„Wer von Euch kennt das Spiel ‚Stille Post'? Das spielen wir jetzt. Dazu setzen wir uns in einen Kreis und ich flüstere X (rechter Sitznachbar) ganz leise einen Satz zu. Außer uns beiden darf keiner den Satz hören. Und Du flüsterst jetzt das, was Du gehört hast, an den nächsten weiter. Wenn der Satz wieder bei mir angekommen ist, können wir ihn mit dem Satz vergleichen, den ich losgeschickt habe."

- **„Ball transportieren"**

Ziele:
- Die Kinder bewegen und erholen sich
- Die Kinder haben Spaß

Dauer: variabel

Material: Ball

Beschreibung: Die Kinder bilden zwei gleich große Gruppen (bei Bedarf mit Trainingsleiter) und sitzen sich auf dem Boden einander gegenüber, Fuß an Fuß, mit den Händen nach hinten abgestützt. Ein Ball wird auf der einen Seite ins Spiel gebracht und muß auf die andere Seite transportiert werden, wobei nur die Füße und der Kopf zum Transport verwendet werden dürfen.

„Zur Auflockerung machen wir jetzt ein Spiel, das heißt ‚Ball transportieren'. Dazu setzen wir uns einander gegenüber auf den Boden, nach hinten mit den Händen abgestützt. Die Füße derjenigen, die sich gegenüber sitzen, berühren sich. Auf der einen Seite kommt gleich ein Ball ins Spiel, der nur mit den Füßen oder den Köpfen auf die andere Seite transportiert wird."

- **„Hase und Jäger"**

Ziele:
- Die Kinder können sich bewegen und austoben
- Die Kinder haben Spaß

Dauer: variabel

Material: Ball

Beschreibung: Ein Kind ist der „Jäger" und wirft mit einem Ball die anderen Kinder, die „Hasen" ab. Ein Kind, das vom Ball getroffen wurde, „erstarrt" mit gespreizten Beinen und kann nur dann aus seiner „Erstarrung" erlöst werden, wenn ein anderes, noch nicht abgeworfenes Kind zwischen seinen Beinen hindurchkriecht. Das Spiel ist beendet, wenn alle „Hasen“ „erstarrt“ sind.

> „Zum Austoben machen wir jetzt ein Spiel, das heißt ‚Hase und Jäger‘. Wer möchte als erster der ‚Jäger‘ sein? Du als Jäger bekommst den Ball und versuchst, alle anderen, die die Hasen sind, abzuwerfen. Die vom Ball getroffenen Hasen bleiben stehen, ‚erstarren‘ und stellen ihre Beine weit auseinander. Denn sie können von einem anderen Kind, das noch nicht getroffen wurde, aus der ‚Erstarrung‘ erlöst werden, wenn es zwischen den Beinen hindurchkrabbelt. Der Jäger hat gewonnen, wenn alle Hasen ‚erstarrt‘ sind. Dann kann ein anderes Kind der Jäger sein.“

• „Verliebt, verlobt, verheiratet“

Ziele:
- Die Kinder können sich bewegen und austoben
- Die Kinder haben Spaß

Dauer: variabel

Material: Ball

Beschreibung: Die Kinder stehen in einem Kreis und werfen sich den Ball zu. Ein Kind, das einen Ball nicht fangen kann, erhält den Status „verliebt“, fängt es den Ball ein weiteres Mal nicht, ist es „verlobt“ und beim Status „verheiratet“ scheidet es aus der Runde aus. Es sollten mit den Kindern einige weitere Regeln abgemacht werden, z.B. daß der Ball nicht zu stark oder nicht zwischen zwei Kinder geworfen werden darf.

> „Jetzt spielen wir das Ballspiel ‚Verliebt, verlobt, verheiratet‘. Dazu stehen wir im Kreis und werfen uns den Ball zu. Wer den Ball das erste Mal nicht fangen kann, ist ‚verliebt‘, beim zweiten Mal ist er ‚verlobt‘ und beim dritten Mal ‚verheiratet‘ und scheidet aus. Das Spiel dauert so lange, bis nur noch ein Kind übrig ist. Beim Werfen müßt Ihr darauf achten, daß Ihr immer genau auf ein Kind zielt und daß Ihr den Ball nicht mit zuviel Wucht werft.“

• „Roboter“

Ziele:
- Die Kinder können sich bewegen und austoben
- Die Kinder haben Spaß

Dauer: variabel

Material: Keines

Beschreibung: Die Kinder bilden Dreiergruppen. Zwei Kinder sind Roboter, die sich nur gradlinig fortbewegen können. Vor einem Hindernis treten sie auf der Stelle. Der dritte Spieler ist der Erfinder. Er kann die Gehrichtung der Roboter bestimmen, indem er ihre Köpfe in die gewünschte Richtung dreht. Die beiden Roboter stehen zu Beginn Rücken an Rücken und gehen dann in Gänseschritten (geradeaus) los. Die Aufgabe des Aufsehers besteht darin, die Roboter so zu dirigieren, daß sie zusammenstoßen. Ist dies gelungen, werden die Rollen gewechselt. Kommt es in kleineren Räumen zu einem zu starken Durcheinander, kommen die Gruppen einzeln an die Reihe.

> „Nachdem wir jetzt eine Weile so konzentriert zugehört haben, möchte ich Euch ein Spiel zeigen, mit dem Ihr Euch wieder ein wenig auflockert, damit Ihr nicht auf Euren Stühlen einrostet. Das Spiel heißt ‚Roboter-

spiel'. Jeweils drei von Euch bilden ein Team. Zwei sind Roboter, die nur in Gänseschritten geradeaus laufen können und vor einem Hindernis auf der Stelle treten. Der Dritte ist der Erfinder. Durch das Drehen der Roboterköpfe kann er bestimmen, in welche Richtung sie laufen. Zu Beginn stehen die beiden Roboter Rücken an Rücken und gehen geradeaus los. Der Erfinder muß nun die Gehrichtung der Roboter so einstellen, daß die beiden zusammenstoßen. Hat er das geschafft, werden die Rollen gewechselt. Wer möchte anfangen?"

Literaturverzeichnis

Band, E.B. & Weisz, J.R. (1988). How to feel better when it feels bad: Children's perspectives on coping with everyday stress. *Developmental Psychology, 24*, 247-253.

Banez, G.A. & Compas, B.E. (1990). Children's and parent's daily stressful events and psychological symptoms. *Journal of Abnormal Child Psychology, 18*, 591-605.

Becker, P. (1985). Bewältigungsverhalten und seelische Gesundheit. *Zeitschrift für Klinische Psychologie, 14,* 169-184.

Bergman, L.R. & Magnusson, D. (1986). Type A behavior: A longitudinal study from childhood to adulthood. *Psychosomatic Medicine, 48*, 134-142.

Cowen, E.D., Work, W.C., Wyman, P.A., Parker, G.R., Wannon, M. & Gribble, P. (1992). Test comparisons among stress-affected, stress-resilient, and non classificated fourth-through six-grade urban children. *Journal of Community Psychology, 29*, 200-214.

Bullinger, M., von Mackensen, S. & Kirchberger, I. (1994). KINDL - ein Fragebogen zur Erfassung der gesundheitsbezogenen Lebensqualität von Kindern. *Zeitschrift für Gesundheitspsychologie, 2*, 64-77.

Dirks, S., Klein-Heßling, J. & Lohaus, A. (1994). Entwicklung und Evaluation eines Streßbewältigungsprogrammes für das Grundschulalter. *Psychologie in Erziehung und Unterricht, 41*, 180-192.

Dörner, K., Nebel, C. & Redlich, A. (1995). Geschichten für gestreßte Kinder. *Vorlesegeschichten zum Entspannen und Mutigwerden.* Freiburg: Herder.

Dubow, E.F. & Tisak, J. (1989). The relation between stressful life events and adjustment in elementary school children: The role of social support and social problemsolving skills. *Child Development, 60*, 1412-1423.

Elkind, D. (1995). *Das gehetzte Kind. Werden unsere Kleinen zu schnell groß?* Bergisch-Gladbach: Bastei-Lübbe (3. Auflage).

Friedrich, S. & Friebel, V. (1993). *Entspannung für Kinder. Übungen zur Konzentration und gegen Ängste*. Reinbek: Rowohlt.

Ham, M. & Larson, R. (1990). The cognitive moderation of daily stress in early adolescence. *American Journal of Community Psychology, 18*, 567-585.

Hampel, P. & Petermann, F. (1998). *Anti-Streß-Training für Kinder*. Weinheim: Psychologie Verlags Union.

Hoffner, C. (1993). Children's strategies for coping with stress: Blunting and monitoring. *Motivation and Emotion, 17*, 91.106.

Humphrey, J.H. (1984). Some general causes of stress in children. In J.H. Humphrey (Ed.), *Stress in childhood* (pp. 3-18). New York: AMS Inc.

Jacobson, E. (1938). *Progressive Relaxation*. Chicago: University of Chicago Press.

Johnson, J.G. (1992). Life event categories differentially predict psychopathology symptom levels. *Journal of Psychology, 126*, 301-307.

Klein-Heßling, J. (1997). *Streßbewältigungstrainings für Kinder: Eine Evaluation.* Tübingen: DGVT-Verlag.

Klein-Heßling, J., Lohaus, A. (1999). Zur Wirksamkeit von Entspannungsverfahren bei unruhigem und störendem Schülerverhalten. *Zeitschrift für Gesundheitspsychologie, 7,* 105-119.

Kliewer, W. & Sandler, I.N. (1992). Locus of control and self-esteem as moderators of stressor-symptom relations in children and adolescents. *Journal of Abnormal Child Psychology, 20,* 393-413.

Koeppen, A.S. (1974). Relaxation training for children. *Elementary School Guidence and Counseling, 9,* 14-21.

Lazarus, R.S. (1966). *Psychological stress and the coping process.* New York: McGraw Hill.

Lazarus, R.S. & Launier, R. (1978). Stress-related transactions between persons and environment. In Pervin, L.A. & Lewis, M. (Eds.), *Perspectives in interactional psychology* (pp 287-327). New York: Plenum Press.

Lohaus, A. (1990). *Gesundheit und Krankheit aus der Sicht von Kindern.* Göttingen: Hogrefe.

Lohaus, A. (1993). *Gesundheitsförderung und Krankheitsprävention im Kindes- und Jugendalter.* Göttingen: Hogrefe.

Lohaus, A. & Klein-Heßling, J. (1999). *Kinder im Streß und was Erwachsene dagegen tun können.* München: Beck.

Lohaus, A. & Klein-Heßling, J. (im Druck). Relaxation in childhood: A comparative evaluation of different relaxation techniques. *Anxiety, Stress, and Coping.*

Lohaus, A., Fleer, B., Freytag, P. & Klein-Heßling, J. (1996). *Fragebogen zur Erhebung von Streßerleben und Streßbewältigung im Kindesalter (SSK).* Göttingen: Hogrefe.

Metzke, C.W. & Steinhausen, H.-C. (1999). Risiko, Protektions- und Vulnerabilitätsfaktoren für seelische Gesundheit und psychische Störungen im Jugendalter. *Zeitschrift für Klinische Psychologie, 28,* 45-53

Moore, T. (1975). Stress in normal childhood. In L. Levi (Ed.), *Society, stress, and desease: Childhood and adolescents,* Vol. II (pp. 170-180). London: Oxford University Press.

Müller, E. (1995). *Auf der Silberlichtstraße des Mondes.* Frankfurt: Fischer.

Noeker, M. (1996). Einsatzmöglichkeiten von Entspannung bei chronisch kranken Kindern. In U. Petermann (Hrsg.), *Ruherituale und Entspannung mit Kindern und Jugendlichen* (S. 109-121). Baltmannsweiler: Schneider-Verlag Hohengehren.

Perrez, M. & Reicherts, M. (1992). A situation-behavior approach to stress and coping. In M. Perrez & M. Reicherts (Eds.), *Stress, coping, and health* (pp. 17-36). Seattle: Hogrefe & Huber.

Petermann U. & Petermann F. (1993). Entspannungsverfahren bei Kindern und Jugendlichen. In D. Vaitl & F. Petermann (Hrsg.), *Handbuch der Entspannungsverfahren. Band 1: Grundlagen und Methoden* (S. 316-334). Weinheim: Psychologie Verlags Union.

Rudolph, K.D. & Hammen, C. (1999). Age and gender as determinants of stress exposure, generation, and reactions in youngsters: A transactional perspective. *Child Development, 70,* 660-677.

Ryan-Wenger, N.M. (1992). A taxonomy of children's coping strategies: A step toward a theory of development. *American Journal of Orthopsychiatry, 62,* 256-263.

Sartory, G., Mueller, B., Metsch, J. & Pothmann, R. (1998). A comparison of psychological and pharmacological treatment of pediatric migraine. *Behavior Research and Therapy, 36,* 1155-1170.

Skusa-Freeman, B., Scheewe, S., Warschburger, P., Wilke, K. & Petermann, U. (1997). Patientenschulung mit neurodermitiskranken Kindern und Jugendlichen: Konzeption und Materialien. In F. Petermann (Hrsg.), *Asthma und Allergie* (S. 327-354). Göttingen: Hogrefe.

Spangler, G. (1999). Leistung, Motivation und Streß in der Grundschule: Vorhersagen aus dem Kleinkind- und Vorschulalter. In M. Jerusalem & R. Pekrun (Hrsg.), *Emotion, Motivation und Leistung* (S. 127-145). Göttingen: Hogrefe.

Thoresen, C. E. & Eagleston, J.R. (1983). Chronic stress in children and adolescents. *Theory into Practice*, *22*, 48-56.

Vopel, K. (1991). *Kinder ohne Streß, Band 1: Bewegung im Schneckentempo*. Hamburg: Isko-press.

Wagner, H. (1981). *Hamburger Verhaltensbeurteilungsliste (HAVEL)*. Göttingen: Hogrefe.

Work, W.C., Cowen, E.L., Parker, G.R. & Wyman, P.A. (1990). Stress resilient children in an urban setting. *Journal of Primary Prevention*, *11*, 3-17.

Anhang A
Folienvorlagen

Streß bei Kindern

Nennung von körperlichen Symptomen
(bezogen auf den Zeitraum einer Woche)

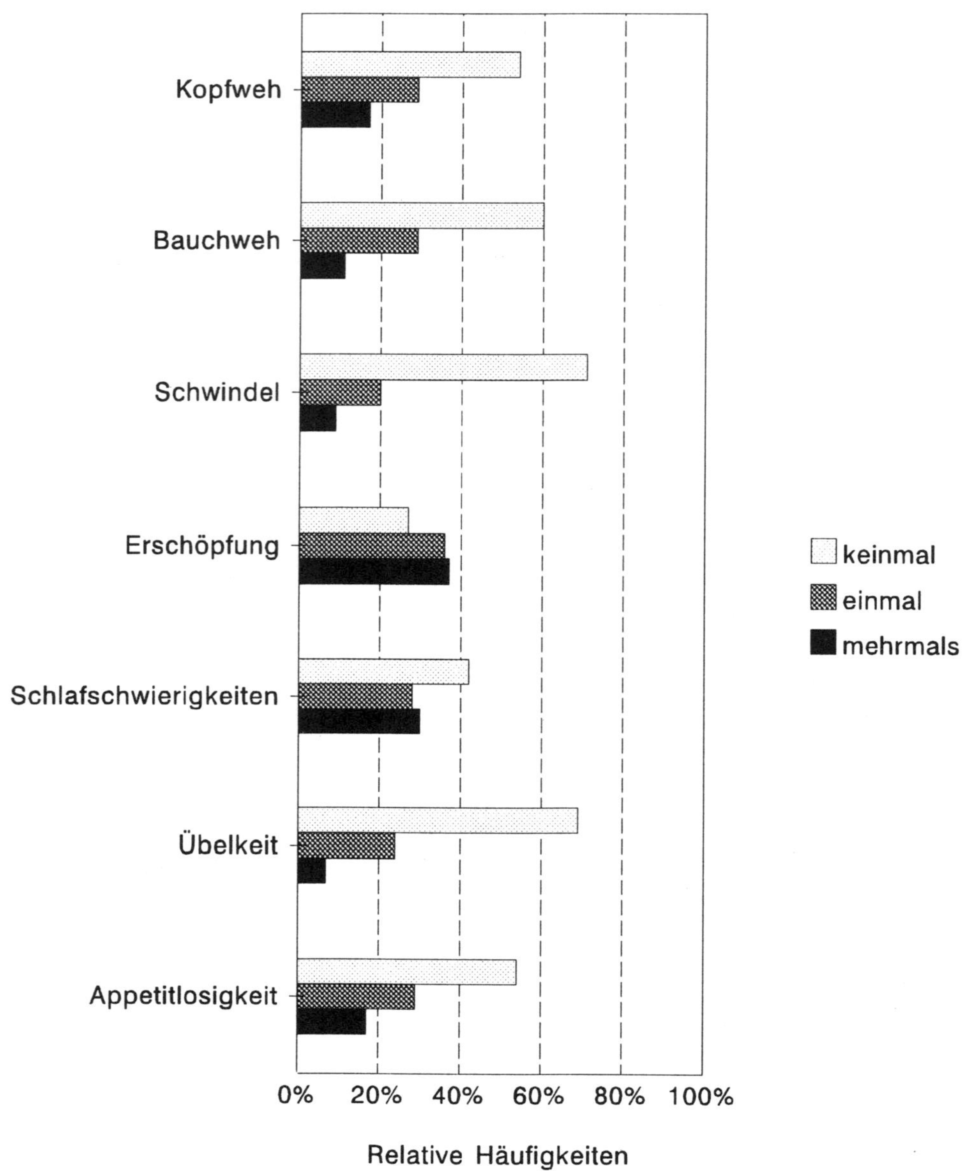

Dritt- und Viertkläßler

Bleib locker

Was können Eltern tun?

- Aufmerksam sein für wiederkehrende Streßsituationen und Streßsymptome: Kinder anregen, über Probleme oder über vermeintliches Versagen zu sprechen

- Probleme ernstnehmen: Das, was Kinder bedrückt, ist manchmal etwas, was von Erwachsenen nicht ernst genug genommen wird

- Kindern die Anforderungen bieten, bei denen sie sich wohlfühlen: Kindern genügend Zeit zum spontanen Spiel lassen

- Loben und damit das Selbstvertrauen stärken

- Selbst eine gewisse Gelassenheit vorleben: Streßbewältigung für Erwachsene

- Keine Scheu haben, auch fachliche Hilfe zu suchen (z.B. Beratungsstellen)

Bleib locker

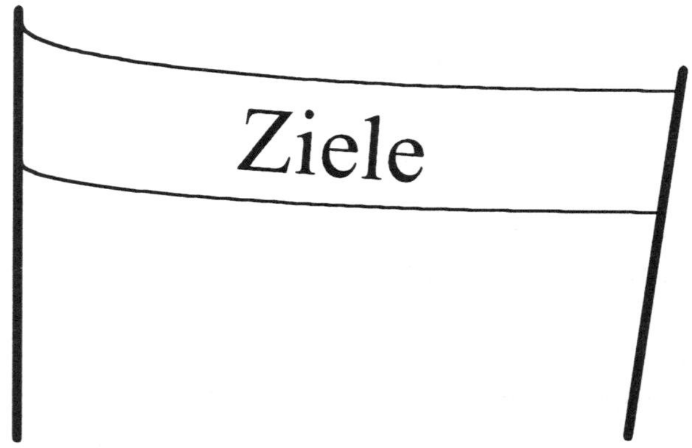

- Die Kinder wissen, wie Streß entsteht
- Die Kinder kennen eigene Streßsituationen
- Die Kinder kennen eigene Streßreaktionen
- Die Kinder verfügen über ein breites Spektrum an Streßbewältigungsstrategien
- Die Kinder haben Spaß an dem Kurs

↓

Die Kinder können besser mit Belastungen umgehen und fühlen sich wohler

Bleib locker

Welche Kinder können teilnehmen?

- Alle Kinder, die zur Zeit durch Streß belastet sind
- Alle Kinder, die für die Zukunft von einem Kursbesuch profitieren können
- Alle Kinder, die die dritte oder vierte Klasse besuchen
- Alle Kinder, die mit einer Gruppe von ca. 10 Kindern klarkommen

Bleib locker

Die Kursbausteine:

- Streßmodell "Streßwaage"
- Streßreaktionen
- Selbstbelohnung und Selbstinstruktion
- Ruhepausen/ Entspannung
- Streßsituationen
- Spielen/Spaß haben
- Sich über Streß mitteilen

Spiele und Übungen:

Pinnwand

Muskelentspannung

Entspannungskassette

Gedankenstürme

Auflockerungsübungen

Rollenspiele

Pantomime

Comics gestalten

Fallgeschichten

Bewegungsübungen

Kennenlernspiele

Malen

"Ich bin stolz" - Rundblitz

Steckbrief "Streß"

"Bitte nicht stören" Schild

Toben

Bleib locker

Ergebnisse des Modellprojektes

- 80 % der Kinder hat der Kurs sehr viel oder viel Spaß gemacht
- Die Kinder haben nach dem Kurs ein breiteres Wissen über Streßsituationen, Streßreaktionen und Streßbewältigungsstrategien
- Die Kinder und ihre Eltern schätzen eine Woche und sechs Monate nach dem Kurs typische Streßsituationen als weniger belastend ein
- Typische Streßsymptome treten eine Woche und sechs Monate nach dem Kurs seltener bei den Kindern auf

Anhang B
Gefühlekarten (Kopiervorlagen)

Ich bin gestreßt	Ich bin ängstlich	Ich bin nervös
Ich bin stolz	Ich bin locker	Ich bin aufgeregt

Ich bin zufrieden

Ich bin ärgerlich

Ich bin glücklich

Ich bin wütend

Ich bin müde

Ich bin traurig

Anhang C
Kindermaterial (Kopiervorlagen)

Bleib locker

Wie Du mit Streß klarkommst

Bei Streß immer cool zu sein, ist ganz schön anstrengend und oft nur Show. Echt cool ist es, mit Streß richtig umzugehen. Das ist gar nicht so schwer, wenn man weiß, wie das richtig funktioniert.

Die Streßwaage

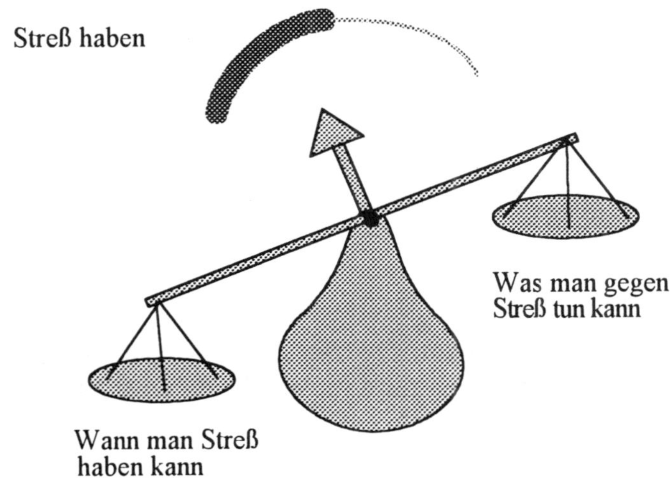

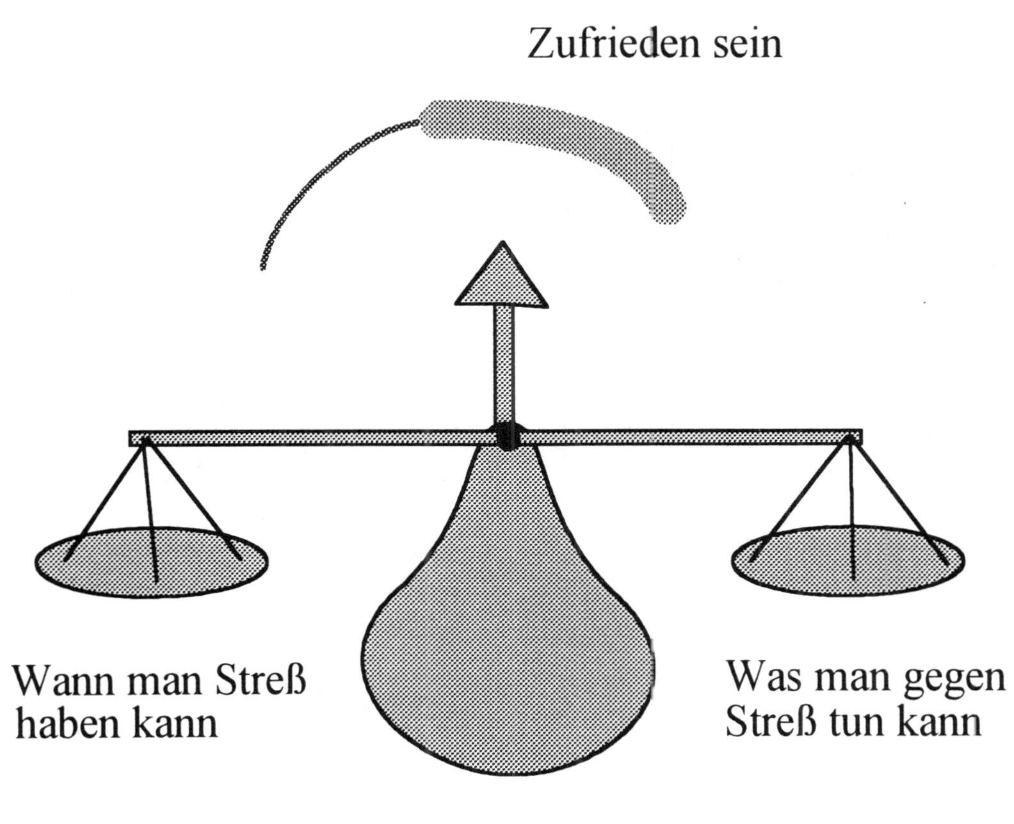

Die Entspannungskassette

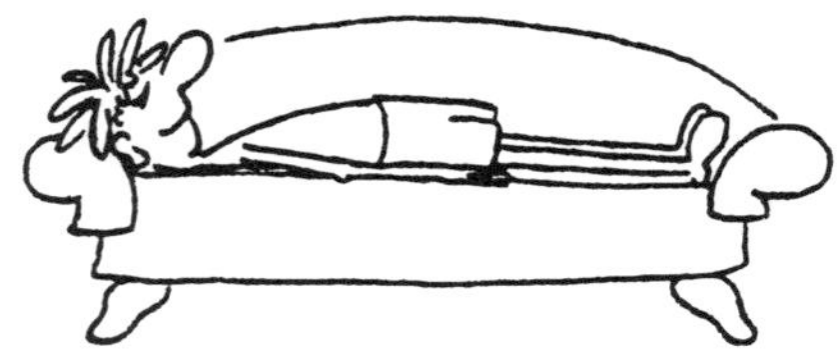

Was Du zum Üben mit der Entspannungskassette wissen solltest:

Entspannung ist wie ein Zaubertrick, der Dir bei Aufregung und Streß nützlich sein kann. Wie jeder Zaubertrick muß auch Entspannung richtig eingeübt werden, am besten einmal am Tag. Wann Du die Übung machen möchtest, kannst Du dir selbst aussuchen. Manche Kinder machen sie gerne vor den Hausaufgaben, andere lieber hinterher und manchen Kindern hilft die Entspannungsübung beim Einschlafen.

Wenn Du die Entspannung zum Einschlafen machst, solltest Du danach nicht wieder aufstehen. Denn wer sich nach einer Entspannungsübung wieder richtig bewegt, ist hellwach und munter und kann für eine Weile nicht mehr einschlafen.

Die Kassette gibt Dir auf Seite 1 Anweisungen zum Anspannen und zum Entspannen für verschiedene Muskeln Deines Körpers. Die ganze Übung dauert ungefähr 15 Minuten. Gehe zum Üben in ein Zimmer, in dem Du möglichst ungestört bist.

Beim Üben wirst Du merken, daß sich manche Muskeln ganz leicht entspannen lassen und daß es bei anderen Muskeln schwieriger ist. Merke Dir für unser nächstes Treffen, welche Muskeln Du gut entspannen kannst und welche nicht so gut. Was für Dich besonders schwierig ist, können wir beim nächsten Mal noch einmal üben.

Auf der zweiten Seite ist eine andere Entspannungsgeschichte. So kannst Du immer abwechselnd mal mit der ersten und dann mit der zweiten Seite üben. Dann brauchst Du die Kassette auch nicht so viel vorzuspulen oder zurückzuspulen.

Wenn Du Dir jeden Tag Zeit für eine Entspannungsübung nimmst, wirst Du bald ein Entspannungsprofi sein. Dann kannst Du die Entspannung auch ohne die Kassette machen und Dir dabei auch eigene Geschichten ausdenken. Und wenn Du überhaupt keine Lust zum Üben hast, dann ist das nicht schlimm.

Viel Spaß mit der Entspannungskassette!

Streß im Körper

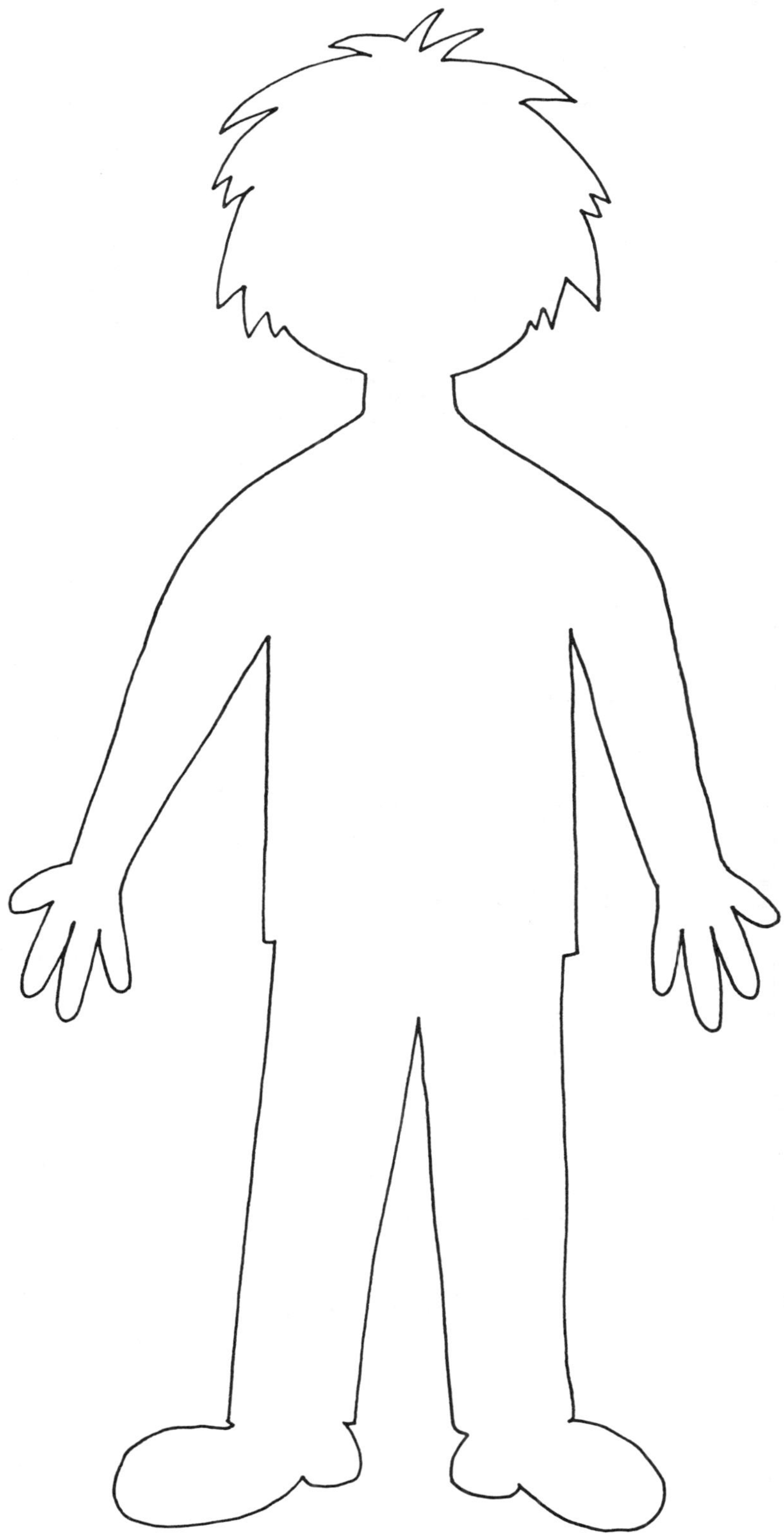

Steckbrief

Gesucht wird: "Streß"

Wann hast Du ihn das letzte Mal bemerkt?

____

____

Woran hast Du ihn erkannt?

____

____

Was ist passiert?

____

____

Was hast Du gemacht, um ihn wieder loszuwerden?

____

____

Was ich bei Streß alles tun kann

Zufrieden sein

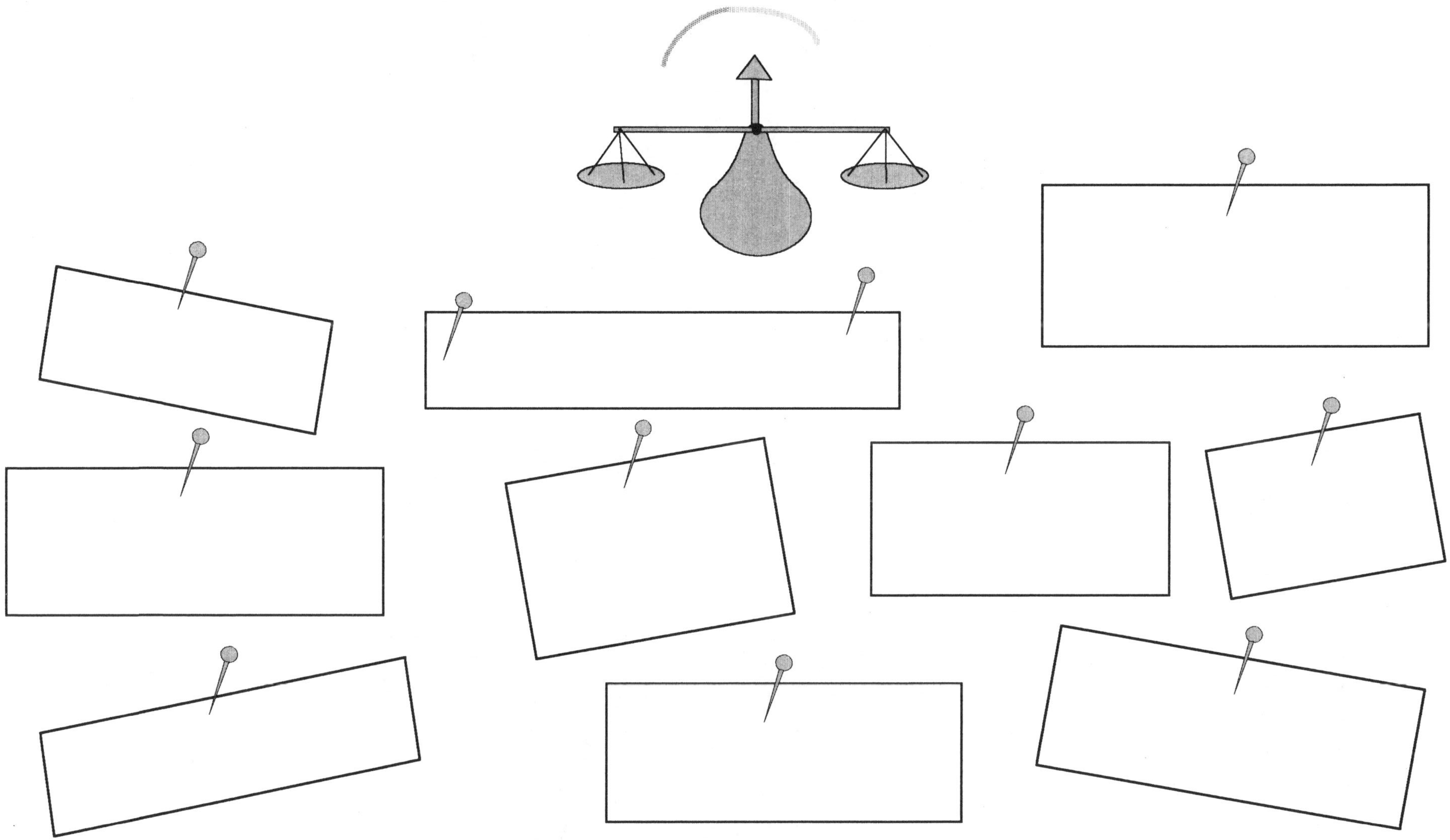

Streßgeschichten Teil 1

"Paul Peinlich" und "Gerlinde Gram"

Paul Peinlich

Paul hatte sich sehr gefreut, als er endlich in die Schule kam. Und er war in der ersten und zweiten Klasse ein guter Schüler. Seine Eltern haben ihn auch deswegen immer gelobt.

Als er in der vierten Klasse ist, schreibt er eine Mathearbeit. Einen Tag später gibt die Lehrerin die Arbeiten zurück. Zu Paul sagt sie: Diese Arbeit war ja ganz schön schwer für dich. Paul wird ganz blaß im Gesicht, als er seine Note sieht. Er macht das Heft schnell zu und packt es weg. Er kann gar nicht glauben, daß er so viele Fehler gemacht hat.

Paul geht nach Hause. Es ist ihm peinlich, daß er eine so schlechte Note bekommen hat und möchte am liebsten, daß es keiner erfährt. Als er zu Hause ankommt, fragt seine Mutter ihn, wie es denn heute in der Schule gelaufen ist, und Paul wird ganz komisch zumute. "Gut" stammelt er heraus und geht schnell in sein Zimmer. Als er zum Abendessen kommt, ist ihm immer noch nicht wohl, aber er weiß nicht, was er tun soll.

Gerlinde Gram

In der großen Pause spielen die Kinder auf dem Pausenhof. Tanja schlägt vor, gemeinsam etwas zu spielen. Sie entschließen sich zu dem Spiel "Blinde Kuh".

Sie rufen Gerlinde, die auch in der Nähe ist und fragen sie, ob sie auch mitspielen möchte. Gerlinde kann es nicht glauben: Sie darf auch mitspielen? Das kommt nicht oft vor. Wegen ihrer dicken Brille machen sich viele Kinder über Gerlinde lustig, und oft steht sie in der Pause ganz allein in einer Ecke. Doch heute ist es anscheinend anders.

Ihre Freude soll aber nicht lange dauern. Gerhard sagt nämlich gerade. "Gerlinde komm, Du darfst die Blinde Kuh sein. Bei Dir brauchen wir die Augen nicht zuzubinden. Wir nehmen Dir einfach Deine dicke Brille weg, und dann kannst Du sowieso nichts mehr sehen."

Die Kinder lachen, aber Gerlinde hat auf einmal solche Wut, daß sie wegläuft und weint.

Streßgeschichten Teil 2

"Harald Hetzig"

Harald Hetzig ist 10 Jahre alt und geht in die vierte Klasse einer Grundschule in Zwergendorf. An manchen Tagen hat Harald Hetzig so viel vor, daß er nicht mehr weiß, wo ihm der Kopf steht. Einen solchen Tag aus dem Leben des Harald Hetzig wollen wir uns mal anschauen:

Es ist ein Montag im Mai und schon beim Frühstück wird Harald Hetzig ganz nervös, wenn er überlegt, was er heute alles tun muß: Vier Stunden Schule, dann schnell Mittagessen und Hausaufgaben machen, denn um Drei muß Harald beim Flötenunterricht sein. Das geht bis um Vier. Um halb Sechs hat Harald Fußballtraining bis Sieben. Zwischen Flötenunterricht und Fußballtraining will er noch schnell bei der Geburtstagsfeier seines Freundes Stefan vorbeischauen, denn dort ist es immer so lustig, und das will er auf keinen Fall verpassen.

Als Harald nach der Schule zu Hause angekommen ist, wirft er seinen Tornister in sein Zimmer und schaufelt sich schnell das Mittagessen rein. Anschließend geht es an die Hausaufgaben: Rechenaufgaben für Mathe. Am Anfang geht es ja noch ganz gut. Aber dann dauert es immer länger, bis Harald das Ergebnis einfällt. Er ist mit seinen Gedanken schon beim Flötenunterricht ..., bei der Geburtstagsfeier... , ach und dann war da ja auch noch das Fußballtraining. Und während er so grübelt, klingelt es an der Haustür. Birgit ist da, sie will ihn zum Flötenunterricht abholen. Also, schnell das Matheheft zugeklappt, 'den Rest mache ich heute abend', denkt Harald und auf geht´s.

Beim Flötenunterricht angekommen stellt Harald fest, daß er seine Noten zu Hause liegengelassen hat. Pech, so muß er halt bei Birgit mit in die Noten schauen. Aber heute klappt das Zusammenspiel überhaupt nicht. Ständig verpennt Harald seine Einsätze, er kann sich überhaupt nicht richtig konzentrieren. So bringt er also auch dies mehr schlecht als recht hinter sich und weiter geht´s.

Bei der Geburtstagsfeier seines Freundes sitzen alle schon am Tisch und essen Kuchen. "Schön, daß du's noch geschafft hast", sagt Stefan. Als Harald gerade sitzt, haben die Kinder die Idee, Stille Post zu spielen: Stefan denkt sich einen Satz aus und flüstert ihn Anja zu, diese erzählt das, was sie verstanden hat, leise dem nächsten Kind. Als Harald als letzter an der Reihe ist, hört man nur ein leises "Ratze püüh, ratze püüüh". Und als sich die anderen Kinder Harald anschauen, stellen sie fest, daß seine Augen geschlossen sind, Harald war während des Spiels eingeschlafen. Durch das Gelächter der anderen geweckt wird Harald wach und fragt ganz verwirrt, wo er ist. Es ist ihm peinlich, aber lange braucht er hier ja auch nicht mehr zu bleiben: Gleich hat er Fußballtraining.

Beim Fußballtraining werden die Kinder heute mal so richtig rangenommen und als Harald um Sieben endlich wieder zu Hause ankommt, schmeißt er sich sofort auf's Bett und als er wieder wach wird, hört er seine Mutter sagen: 'Harald, es wird Zeit, daß Du aus den Federn kommst, sonst bist Du nicht mehr rechtzeitig in der Schule'."

Streßgeschichten Teil 3

"Petra Plan"

Eigentlich heißt Petra Plan Sabine Müller. Aber ihre Freundinnen haben ihr diesen komischen Namen gegeben, weil ihre Woche ganz verplant ist. Ständig muß sie irgendwo hingehen, fast nie hat sie Zeit, das zu tun, wozu sie gerade Lust hat.

Morgens ist sie natürlich in der Schule und nachmittags nach den Hausaufgaben hat sie mal Musikunterricht und dann hat sie dreimal in der Woche Sport: sie geht zum Schwimmen und zum Tennis. Am Wochenende muß sie dann zu den Wettkämpfen. 'Gut, daß es die Wettkämpfe nur beim Schwimmen gibt und noch nicht beim Tennis', denkt sie manchmal: Sonst wüßte sie gar nicht, wo sie die Zeit hernehmen soll, um überall dabei zu sein.

Weil Petra Plan immer irgendwo hin muß, ist sie manchmal ganz traurig, wenn ihre Freundinnen sich morgens in der Schule verabreden, um nachmittags zum Spielplatz zu gehen. Dort treffen sie sich, um über dieses und jenes zu reden; was eben gerade wichtig ist, oder sie basteln etwas oder hören Musik. Und Petra hat eigentlich nie Zeit, um dabei zu sein.

Deshalb hat Petra Plan wegen Ihrer vielen Termine oft Streß. Sie wünscht sich oft, einfach mal das zu tun, was ihr gerade einfällt: ein Buch anschauen, faulenzen, Musik hören, mit einer Freundin telefonieren, mit dem Bruder etwas spielen ...

Einmal hat sie nachts geträumt, sie wäre Mitglied im "Tennflöschwimmverein 09 e.V." Dort wird einmal in der Woche "Tennflöschwimm" gespielt. Zwei Mannschaften schwimmen - durch ein Netz voneinander getrennt - in einem Schwimmbekken und versuchen, einen gelben Ball mit einer dicken Blockflöte über das Netz zu spielen. Den Rest der Woche - so hat sie geträumt - konnte sie nach den Hausaufgaben immer das machen, wozu sie gerade Lust hatte.

Als sie dann aufwachte, sagte sie sich: 'So ein bißchen wie im Traum sollte es sonst auch sein. Aber weil es in meiner Stadt noch keine Tennflöschwimmvereine gibt, muß ich irgend etwas anderes unternehmen.

Mein Wochenplan

	Montag	Dienstag	Mittwoch	Donnerstag	Freitag	Samstag	Sonntag
Vormittag							
Nachmittag							

Was mir alles Spaß macht - Liste

Wieviel Spaß machen Dir die folgenden Dinge?

	Sehr viel Spaß	Viel Spaß	Wenig Spaß	Überhaupt keinen Spaß
Musik hören				
Lesen				
Mit Freunden spielen				
Basteln				
Schwimmen gehen				
Musik machen				
Alleine spielen				
Malen				
Quatsch machen				

	Sehr viel Spaß	Viel Spaß	Wenig Spaß	Überhaupt keinen Spaß
Sport machen				
Fernsehen				
Faulenzen				
Spazieren gehen				

Was mir sonst noch Spaß macht:

____

____

____

Schau Dir nun die ersten beiden Seiten noch einmal an. Schreibe dann alles, was Dir sehr viel oder viel Spaß macht, auf dieser Seite auf. Kreuze dazu bitte an, wie häufig Du das machst.

	oft	manchmal	selten	nie
______________________________	○	○	○	○
______________________________	○	○	○	○
______________________________	○	○	○	○
______________________________	○	○	○	○
______________________________	○	○	○	○
______________________________	○	○	○	○
______________________________	○	○	○	○

Streßgeschichten Teil 4

40+7=?
Ich kann ja überhaupt nichts mehr!
Wenn ich jetzt nicht bald einschlafe...
Ich will nicht!
Ich will nicht!
Ich will nicht!

84 317 · 486 = ?
14036 : 17 = ?
1684 : 3/4 = ?
HA HA HA

Buääh! Mir ist schlecht.
Ich kann nichts essen. Und ich bin todmüde!

80+3=?
Das weiß ich nicht!
Das kann ich nicht!
Ich weiß überhaupt nichts mehr!
Ich bin ein VERSAGER!
Und nachher lachen mich alle aus!

Was ich denke, wenn ich Streß habe

"Bleib locker" Geschichte

„Sie geht viel-leicht nach A-fri-ka – Komma – um dort..."

Was ich gegen Streß alles denken kann